나는야
호기심 많은
관찰자

임정욱의 인사이드 아메리카 이야기

임정욱 지음

ⓘ 더난출판

보스턴, 실리콘밸리 그리고 중국까지 나의 연결 이야기

내가 처음 실리콘밸리에 간 것은 1992년의 일이다. 당시에는 샌프란시스코에서 산호세 일대를 갔을 뿐 실리콘밸리라는 말이 있는지도 몰랐다. 이후 신문사에서 IT 업계를 담당하는 기자가 되어 실리콘밸리로 출장을 다니기 시작했고 차츰 그 지역의 혁신성에 매료됐다.

비교적 내성적인 성격을 가진 나는 수줍음 많고 말수가 적은 아이였다. 그런데 어쩌다 학교를 졸업하고 첫 직업으로 기자를 선택하는 바람에 성격이 바뀌었다. 기자로서 늘 독자에게 전할 흥미로운 스토리를 발굴해야 했기에 남들보다 더 관찰력을 키우고 만나는 사람들에게 여러 가지 질문을 자주 하게 됐다. 그런 내게 세계 최고 혁신 기업과 스타트업들이 모여 있고, 갖가지 새로운 시도와 최첨단 기술 혁신이 이뤄지는 실리콘밸리는 최고의 장소였다.

특히 1999년 인터넷 붐이 한창이던 시기 실리콘밸리는 내게 꿈의 땅이었다. 마침 스탠퍼드대학에서 벤처 프로그램을 이수하는 좋은 기회가 생겼고 2000년에는 경영학 석사학위(MBA) 과정을 정식으로 이수하기 위해 UC버클리로 유학을 떠났다. 하지만 닷컴 거품이 꺼지면서 실리콘밸리 경기가 바닥을 치는 최악의 상황에서 학교를 졸업하게 됐다.

당시 나는 실리콘밸리는 끝났다고 생각할 정도로 크게 실망했다. 인터넷 붐은 '사기'였다는 생각까지 했다. 그리고 대량 해고 바람과 2001년 9·11 테러의 여진이 가시지 않은 실리콘밸리를 떠나 원래 다니던 신문사로 복귀했다. 괜히 비싼 돈을 들여 유학을 갔다고 후회하기도 했다. 돌이켜보면 이런 어려운 시기를 지켜봤기 때문에 실리콘밸리를 더 잘 이해하게 된 것 같다. 이후 닷컴 붕괴의 잿더미 속에서 구글이 새로운 실리콘밸리의 대표 주자로 성장했고 애플이 아이팟과 아이폰으로 화려하게 부활했다. 실리콘밸리는 다시 혁신의 아이콘이 됐다.

다음커뮤니케이션에서 일하던 2007년 여름 미국 동부에 위치한 코넬대학 경영대학원에서 2주간 공부한 일이 있다. 그때 만난 코넬대학 컴퓨터공학과 교수가 막 실리콘밸리에 다녀왔다는 이야기를 듣고 무심코 "얼마나 자주 실리콘밸리에 가느냐"

고 물었다. 그는 "1년에 최소한 서너 번은 가려고 한다. 별일 없어도 가서 구글이나 야후 사람들과 대화를 나눠야 트렌드를 따라잡을 수 있다"고 말했다. 그의 대답이 오랫동안 머릿속에 남아 나를 자극했다.

이후 나는 다음커뮤니케이션 본부장 시절, 보스턴에 살던 라이코스 CEO 시절에도 기회가 되면 실리콘밸리에 갔다. 2012년부터 2013년 말까지 1년 6개월 동안은 아예 실리콘밸리에서 살았으며 스타트업얼라이언스센터장으로 일하고 있는 지금도 실리콘밸리를 자주 찾는다.

나는 왜 이렇게 실리콘밸리에 자주 가는가? 코넬대학 교수의 말처럼 실리콘밸리는 미래를 읽을 수 있는 곳이기 때문이다. 2008년 1월 그곳으로 출장 갔다가 내가 만난 사람들 대부분이 아이폰 아니면 블랙베리를 쓰는 모습을 보고 스마트폰 시대의 도래를 예감했다. 그리고 다음커뮤니케이션에 복귀해 "스마트폰 시대에 대비해야 한다"고 강조했다.

몇 년 전에는 실리콘밸리에서 또 다른 새로운 미래를 발견했다. 시애틀과 샌프란시스코, 라스베이거스에 출장 갔다가 우버를 타보고, 구글의 자율주행차를 접하고, 테슬라의 오토파일럿 기능을 구경하면서 교통, 물류, 자동차 산업에서 인공지능 기술과 공유경제의 거대한 쓰나미가 시작되고 있음을 직감했다. 세상의 변화가 빠른 속도로 진행되고 있는 것이다.

이런 세상의 변화를 관찰하고 전달하는 데 있어서 2008년부터 시작해 10년간 나와 함께한 것이 바로 소셜미디어(SNS)다. 내가 접하는 정보, 경험, 생각을 트위터, 페이스북, 블로그 등으로 매일 꾸준히 공유해왔다. 한국에서 시작해 보스턴, 실리콘밸리를 거쳐 다시 한국으로 돌아오면서 내가 생각해도 놀랄 정도로 부지런히, 일관되게 SNS에 기록을 남겼다. 잊기 쉬운 유용한 정보를 메모 삼아 트윗하기 시작한 일이 내 인생을 바꿀 정도로 긍정적인 효과를 가져다주었다. 매일 새로운 정보를 얻기 위해 더 열심히 공부하고 세상을 관찰하게 된 것이다.

그러다 보니 전 세계에서 나를 팔로우하는 사람들이 45만 명에 이르게 됐다. 뭔가에 대해 글을 쓰면 현장의 고수들이 내게 답을 해준다. 그러면 나는 전혀 생각지도 못한 시각이나 새로운 정보를 얻게 된다. 전 세계 어딘가를 방문하면 그곳에 있는 페이스북 친구, 트위터 지인들이 나를 반갑게 맞아준다. 직접 만난 적은 없지만 SNS를 통해 나를 오랫동안 지켜봐온 분들이라 첫 만남에서도 마음을 열고 친절하게 대해준다. 그렇게 해서 쌓은 의미 있는 '연결(Connection)'이 전 세계적으로 수백 명이 넘는다.

너무나 감사하게도 그렇게 수많은 분들과 SNS를 통해 정보와 생각을 나누면서 나도 그만큼 더 많이 배우고 성장할 수 있었다. 수많은 사람들에게 노출된 덕분에 언론에 더 많은 글을 기고하고 사람들 앞에서 강연을 할 기회를 얻을 수 있었다. 10년 전의 나로서는 상상도 못할 일이 벌어진 것이다.

SNS를 통해 나와 연결된 분들과 지식과 정보를 나누자 세상을 보는 시각은 더욱 넓어졌고 또 새로운 정보를 접하고 흡수하려는 열정은 더욱 강해졌다. 세상에 대한 호기심은 몇 배 커졌고 인맥은 수십 배 넓어졌다. 스타트업얼라이언스를 맡은 이후로는 혁신적인 아이디어로 세상을 바꾸고자 하는 열정적인 스타트업 창업자들과 그런 아이디어를 믿고 투자해주는 벤처투자자들과 더욱 가까이 지내게 됐다. 세계 각국의 스타트업 생태계를 두루 방문해 살펴보고 현지의 창업자들과 교류할 수 있는 기회도 얻게 됐다. 그렇게 쌓인 정보와 경험을 SNS를 통해 나누는 것이 개인적으로도 큰 기쁨이다. 이런 기회를 얻게 된 나는 정말 행운아라고 생각한다.

이 책에는 지난 10년간 내가 경험한 여러 가지 일들이 담겨 있다.

1장에는 2009년 보스턴에 있는 라이코스의 최고경영자(CEO)로 부임해 회사를 경영하면서 겪은 일들을 담았다. 토종 한국인이 갑자기 미국 회사에 단신으로 부임하여 미국인들과 일하면서 좌충우돌한 이야기다. 2장에는 미국에서 5년간 살면서 느낀 문화적 차이에 대한 생각을 담았다. 라이코스가 인도 회사와 이스라엘 회사에 인수된 뒤 이스라엘 사람들과 부대끼면서 느낀 점도 적었다. 3장은 미국과 한국을 오가며 일하면서 느낀 비즈니스 관행의 차이와 인물에 대한 이야기다. 마지막으로 4장에는 지난 몇 년간 중국을 오가며 느낀 점을 담았다. 이제 "중국의 빠른 성장이 두렵다"는 말은 너무나 진부하다. 하지만 IT 업계 종사자의 입장에서 '이제 정말로 중국이 실리콘밸리를 능가할 수 있겠구나' 하는 생각을 하게 된다. 이런 이유로 지금 내게 중국은 새로운 호기심의 대상이다. 중국에 대해서는 계속 공부하고 연구해볼 생각이다. 싫든 좋든 한국인에게는 실리콘밸리보다 중국에 더 기회가 있을지도 모른다.

지난 10년간 SNS에 빠져 산 나를 군소리 않고 지지해준 아내 지연, 두 아들 준현과 재현 그리고 부모님께 감사드린다. 항상 정신없이 사는 보스를 믿고 따라준 '일당백'의 스타트업얼라이언스 식구들의 응원도 큰 힘이 됐다. 특히 이 책이 나올 수 있도록 나를 믿고 기다려준 더난출판사 편집진에게 감사의 말을 전한다.

임정욱

<hr />

차례

<hr />

서문_ 보스턴, 실리콘밸리 그리고 중국까지 나의 연결 이야기 **4**

1장
workplace

사소한 것은 결코 사소하지 않다

패밀리타임은 노터치! **15** / 낮에 하는 무비 나이트 **22**

코너 오피스와 큐비클 **26** / 나이는 묻지 마세요 **31**

스몰 런치, 빅 디너 **38** / 미팅은 콘퍼런스콜로 **44**

집에서 무슨 일을 한다는 거야? **52** / 직원 이메일은 회사의 자산 **60**

대나무 천장과 능력주의 사회 **67** / 일상이 된 전사 미팅 **73**

식사 대접보다 미식축구 관람권 **78** / 출장 예약과 빨간 눈 비행 **87**

오버커뮤니케이션 **96**

2장
society

오늘도 많이 배웠습니다

주 5일 가족과 저녁 먹는 사람들 **103** / 동부와 서부의 차이 **107**
이스라엘 사람들과 일하기 **114** / 찰스 리브킨 차관보와의 만남 **119**
의전 사회 **125** / 뉴욕타임스에 실린 푸틴의 기고문 **129**
지극히 사적인 경조사 문화 **133** / 고인의 이름이 없는 부고 **138**
19세 청년이 만든 로봇 변호사 **142** / 창업 국가 이스라엘 **147**
독서는 가족이 함께 즐긴다 **156**
하버드대학 라이언 학장의 5가지 질문 **161**

3장
business

더 스마트하게, 더 효율적으로

출장을 바꾼 우버와 에어비앤비 **171**
우리가 다 처리할 수 있습니다 **178**
디즈니에서 50년 근속한 페기 **185**
조정 경기로 본 미국 회사의 경영 방식 **191**
스위스콤 경영진의 방한 **195** / 리더의 공감 능력 결핍 **201**
이메일 실명제의 기억 **204** / 창업자의 호기심 **211**
스타트업과 규제 공화국 **217** / 미국은 인수합병 천국 **226**

4장
connection

제2의 실리콘밸리를 찾아서

3년 만에 다시 찾은 중국 선전 **233**
중국 인터넷 삼두마차 BAT **239**
샤오미, 오포, 비보가 성공하는 이유 **248**
우버를 능가하는 디디추싱 **256**
중국 스타트업 생태계가 작동하는 법 **262**
미중 인공지능 양강 시대 **269** / 중국의 신 4대 발명품 **275**
중국은 실리콘밸리를 넘어설 것인가 **286**

주 **294**

1장
workplace

사소한 것은
결코 사소하지 않다

패밀리타임은
노터치!

● 내가 보스턴 교외의 월섬 시에 위치한 라이코스의 CEO로 발령받은 것은 2009년 2월의 일이다. 2008년 말 리먼브라더스가 붕괴하면서 전 세계에 금융위기가 닥쳐 세상이 얼어붙어 있을 때였다. 미국의 실업률은 하늘 높은 줄 모르고 치솟고 있었다.

미국에서 공부한 적은 있지만 직장에서 일해본 경험은 없었던 나로서는 이런 암울한 분위기에서 어떻게 미국인 80여 명으로 이뤄진 회사를 이끌어야 할지 걱정됐다. 더구나 그중 10여 명을 구조조정으로 내보내야 했기에 직원들은 여차하면 해고될 수 있다는 공포에 휩싸여 있었다. 사무실에서 컴퓨터 화면에 이력서를 띄우고 내용을 다듬는 직원들이 있을 정도였다. 나중에 들은 바로는 내가 회사를 구하러 온 것이 아니라 문을 닫으러 온 것이라고 믿은 직원들도 꽤 많았다.

직원들과 친해지기 ● ● ● ●

어떻게 하면 나를 저승사자로 생각하는 직원들의 경계심을 누그러뜨릴 수 있을까. 내가 택한 방법은 일대일 면담이었다. 한 사람당 30분씩 시간을 마련해 차 한잔하면서 담소를 나눴다. 일단 이런저런 이야기를 나누다 보면 친밀감이 형성될 것이라고 생각했다. 직원들이 새로운 CEO가 뭔가 들으려 한다는 점을 긍정적으로 여기리라고 믿었다.

2002년부터 UC버클리에서 2년간 공부해 MBA를 땄다. 하지만 학교를 졸업하고 곧바로 귀국한 뒤 7년간 영어 쓸 일이 많지 않았다. 라이코스 CEO로 부임한 뒤 한동안 영어가 입에 붙지 않았는데 이렇게 직원들과 대화를 나누다 보니 영어 실력이 날로 늘었다.

하루에 몇 명씩 직원들과 대화한 결과 한 달 후에는 대부분의 직원들과 안면을 틀 수 있었다. 심지어 어떤 인도계 직원은 흥분

보스턴 인근 월섬 시에 위치한 라이코스 본사 건물. 회사가 잘나
가던 1990년대 말에는 전체를 다 썼는데 내가 부임한 2009년
에는 규모가 많이 줄어 한 층만 쓰고 있었다.

해서 "이 회사에 10년을 다녔는데 CEO와 일대일로 이야기해본 것은 처음"이라고 말해 약간 당황하기도 했다.

경영 악화로 어수선한 상황에서 본사에서 온 CEO에게 처음부터 속에 있는 이야기를 털어놓는 사람은 거의 없었다. 설사 그런 사람이 있다고 해도 돌이켜보니 내게 잘 보여 살아남기 위한 처세였을 것이다. 그렇더라도 이렇게 안면을 터놓으니 일하기가 훨씬 편해졌다.

차 한잔에서 그치지 않고 한두 명씩 점심을 같이 먹기도 했다. 밥을 같이 먹으면 상대에게 쉽게 마음을 연다는 사실을 나는 경험을 통해 알고 있었다. 혼자 밥을 먹지 않는 것은 기자 시절부터 몸에 밴 오랜 습관이다. 미국 사람이라고 크게 다르겠냐 싶었다. 실제로 밥을 같이 먹으면서 내가 밥값을 내면 직원들은 고마워했다. 물론 이는 회사 비용으로 처리했다. 한국과 다른 것이 있다면 미국 직원들은 대부분 사장이 자기 몫까지 밥값을 계산해줄 것으로 기대하지 않는다는 사실이었다.

웬만하면 윗사람이 밥값을 내는 한국식 문화를 따른 결과 많은 직원의 환심을 사는 데 성공했다. 하지만 내 점심시간은 하루에 한 번이기 때문에 단시간에 모든 직원과 밥을 먹는 것은 불가능했다. 나는 일단 팀장급부터 시작했고 1년쯤 지나자 거의 전 직원과 한 번씩 점심을 먹을 수 있었다.

　당시 나는 보스턴에 단신 부임했고 가족은 몇 달 뒤에 오기로 되어 있었다. 보스턴에는 아는 사람이 전혀 없었고 또 회사에 가는 것 외에는 딱히 할 일도 없었다. 이런 이유 때문에 직원들과 더 열심히 친해지려 했는지도 모르겠다. 나는 그 시간을 부족한 영어 실력을 보완하는 영어 회화 연습 시간이라고 스스로 위안했다.

　문제는 저녁 시간이었다. 직원들은 오후 5시에서 6시 사이에 대부분 퇴근했고 나는 같이 밥을 먹을 사람이 없었다. 당시 나는 회사 앞에 있는 장기 투숙형 모텔에 묵고 있었다. 퇴근 후에는 모텔에 가서 한국에서 가져온 3분 카레나 컵라면으로 끼니를 때웠는데 시간이 지나니 조금씩 질렸다. 오후 6시 이후에는 사무실이 텅 비었고 모텔 방은 볕이 잘 안 드는 골방이어서 들어가기가 싫었다.

　나는 얼마간 회사 주변을 배회하다 주요 팀장들에게 저녁을 같이 먹자고 제안했다. 내 제안에 몇몇의 표정이 일그러졌다. 단박에 오케이 하는 사람은 드물었고 대부분 "와이프에게 물어보고 알려주겠다"고 했다. '아니, 그걸 왜 와이프에게 물어보지? 이 사람들, 알고 보니 모두 공처가군'이라고 생각했다. 어쨌든 그런 식으로 2주 동안 거의 매일 저녁 시간에 팀장들과 함께 저녁을 먹었다. 때로 맥주 한두 잔을 곁들이기도 했다.

하지만 저녁을 함께하는 건 점심과는 달리 호응이 좋지 않았다. 이래저래 집에 일이 있다고 변명하면서 꽁무니를 빼는 경우가 많았다. 나는 조금 가까워진 팀장과 저녁을 같이 먹으면서 속내를 물어봤다. 그 친구는 이혼 소송이 진행 중이라 부인과 별거를 하고 있었다. 그는 "여기서는 웬만하면 모두 점심 약속으로 끝내고 저녁 약속을 하는 경우는 거의 없다. 비즈니스 때문에 저녁을 하는 경우는 거래처 사람이 출장을 와서 계약을 하거나 중요한 일인 경우로 제한한다. 특히 기혼자의 경우에는 더욱 그렇다"고 솔직하게 말해줬다.

알고 보니 대다수 직원이 한국에서 낙하산으로 온 저승사자 같은 사장이 저녁을 먹자고 하니까 내키지 않지만 따라온 것이었다. 윗사람이 식사를 같이하자고 하면 있는 약속도 취소하고 참석하는 한국식 직장 문화에 익숙한 내 실수였다.

1년쯤 지나 한층 가까워진 인사팀장 존과 그때 이야기를 했다. 존은 "미국에서 저녁은 가족과 함께하는 시간(패밀리타임)으로 간주하며 아주 중요한 일이 아니면 가족이 있는 사람에게 회사가 저녁 시간을 내달라고 요구하지 못한다. 그런 일이 반복되면 이혼 사유가 될 수 있다"고 말했다. 그러면서 그때 내가 실수한 것이라고 따끔하게 충고했다.

미국에서 공부도 하고 출장도 많이 다녔지만 그런 문화가 있다는 걸 전혀 알지 못했다. 이 일을 계기로 한국인은 서로의 저녁 시간을 침범하는 데 너무 익숙한 것이 아닌가 하는 생각을 했다. 하지만 패밀리타임을 이해하지 못해 겪은 시행착오는 이게 끝이 아니었다. ●

낮에 하는
무비 나이트

● 2009년 3월 라이코스 CEO로 공식적으로 부임한 이후 한동안 악착같이 비용을 줄이려고 애썼다. 어떻게든 회사를 흑자로 전환해야 한다는 생각에서였다. 매주 재무팀에서 올린 회사의 매출과 비용을 업데이트한 엑셀 표를 점검했다. 재무팀장과 그 표를 놓고 앉아 각각의 비용이 무엇을 뜻하고 왜 필요한지 물었다. 그리고 단돈 몇백 달러, 몇천 달러라도 줄일 수 있는 것이라면 줄여나갔다.

하루는 각종 사무실 운영 비용을 들여다보고 있는데 '아이언

마운틴(Iron Mountain)'이라는 항목이 도무지 이해되지 않았다. 재무팀장에게 물어보니 장소를 많이 차지하는 종이로 된 오래된 서류나 귀중한 자료를 아이언마운틴이란 회사에 의뢰하면 트럭으로 실어가 안전한 곳에 보관해준다고 했다. 대부분의 미국 회사들이 이용하는 서비스이지만 나로서는 알기 어려웠는데 그런 항목이 여럿 있었다.

불필요한 출장과 콘퍼런스 참가도 가급적 줄였다. 부득이 출장을 가야 한다면 CEO부터 전 직원이 비행기 이코노미석을 이용하는 것을 원칙으로 했다. 항공권이나 호텔 예약도 비서나 여행사에 부탁하지 않고 당사자가 직접 온라인 여행 사이트를 통해 예약했다. 번거롭고 귀찮았겠지만 회사가 어려운 상황인 만큼 직원들은 다들 이해하고 참아줬다. 이렇게 허리띠를 졸라매며 비용을 절감한 결과 6개월 뒤 월별 수지가 개선되면서 소폭의 흑자로 돌아섰다.

상황이 호전되자 기쁘기도 하고 한편으로 너무 비용 절감만을 외친 것이 미안하기도 해서 인사팀장과 상의해 직원 사기 진작을 위한 이벤트를 갖기로 했다. 큰돈을 들이지 않고 할 수 있는 이벤트를 고민하다 나온 것이 무비 나이트(movie night)였다. 전 직원이 다 같이 회사 근처의 극장에 가서 영화를 보고 팝콘, 음료 정도를 회사 비용으로 제공하는 소박한 이벤트였다.

사실 한국에 있을 때도 비슷한 행사를 한 적이 있었다. 업무를 마치고 다 같이 극장으로 가 영화를 관람한 다음 맥주를 한잔하고 헤어졌다. 하지만 모두들 운전을 해서 귀가해야 하고 근처에 술집도 거의 없는 보스턴 교외지역에서 영화를 보고 맥주 뒤풀이까지 하기는 어려웠다. 인사팀장과 상의해 이번에는 영화만보기로 하고 날짜를 잡았다.

무비 나이트 이벤트 당일이 됐다. 오후 2시 무렵 인사팀장이와서 이제 직원들과 극장으로 출발해야 한다고 말했다. 나는 순간 당황했다. '아니, 무비 나이트는 말 그대로 밤에 하는 이벤트가 아닌가? 왜 이런 걸 훤한 대낮에 하지? 회사에서 돈을 대서가는 것인데 왜 업무 시간에 가야 하지?' 한국적 사고방식으로는 도무지 이해가 되지 않았고 약간 화가 나기도 했다. 인사팀장에게 왜 오후 2시에 나가는지 이해가 안 된다고 말하자 그가 당당하게 대답했다.

"영화가 끝나는 시간이 오후 5시를 넘으면 안 됩니다. 5시 이후는 패밀리타임입니다."

인사팀장의 설명을 듣고도 라이코스 직원들이 기강이 해이해서 그런 것이 아닌가 하고 생각했다. 일을 덜 하려고 꾀를 내는 것 같았고 다른 미국 회사의 사정은 어떤지 궁금했다. 트위터에자초지종을 설명했더니 마이크로소프트 등 미국 회사에 다니는 한국인들의 대답이 돌아왔다. 자신들의 회사도 대부분 비슷하다고 했다. 회사 차원에서 영화를 보러 갈 때는 일찍 나가서 저녁 시간이 되기 전에 관람을 끝내고 귀가한다는 것이었다.

결국 나는 직원들과 다 같이 극장에 가서 즐겁게 영화를 관람하고 일찍 집으로 돌아왔다. 꼭 다 같은 영화를 볼 필요는 없었다. 각자 보고 싶은 영화를 선택해 삼삼오오 같이 감상했다. 몇 몇 안 보이는 얼굴들도 있었는데 영화에 별로 흥미가 없는 직원들은 회사에 남거나 일찍 집으로 돌아갔다. 회사 행사라고 해서 전 직원에게 강제할 수는 없다는 것이었다.

이 일을 겪으면서 나는 한국과 미국의 직장 문화가 얼마나 다른지 다시 한 번 실감했다. 예전 회사에서는 직원들의 단합을 위한 회식은 당연히 업무 시간이 끝난 저녁에 했다. 심지어 워크숍을 토요일에 가는 것도 아무렇지 않게 여겼고 열외는 인정되지 않았다. 중병에 걸린 것이 아니라면 전원 참석해야 했다. 반면 미국에서는 이런 문화가 통하지 않았다. 최소한 미국의 직장은 구성원이 가족 중심적으로 살 수 있도록 배려한다는 사실을 깨달았다. ●

코너 오피스와 큐비클

처음 라이코스에 부임했을 때 CEO 사무실이 따로 없어 비어 있는 방 하나를 썼다. 미국에서는 관리자들의 방을 '오피스(office)'라고 부른다. 당신 방(room)에 가는 것이 아니라 오피스에 간다고 말한다. 당시 라이코스는 임원들과 법무팀장, 인사팀장이 자기 오피스를 갖고 있었고 일반 직원들은 큐비클(cubicle)에서 근무했다. 큐비클이란 한 사람씩 들어갈 수 있는 작은 사무 공간을 뜻한다. 대개 CEO는 사무실 구석에 있는 큰 방을 차지하는데 '코너 오피스(corner office)'는 CEO나 임원의 사무실을 뜻

라이코스 CEO 시절 내 사무실(위). 미국에서는 이런 관리자들의 방을 '오피스'라고 부른다. 일반 직원들은 큐비클에서 일한다 (아래).

한다.

그런데 내 사무실 안에 혼자 있으니 직원들과 좀처럼 소통이 되지 않았다. 직원들은 홀의 반대편에 있고 나는 재무팀장과 인사팀장, 법무팀장 정도와 같은 공간에 있었다. 하루 종일 내 사무실에만 있으면 직원들과 얼굴을 마주할 기회가 거의 없어 격리되어 있는 듯했다. 더구나 회사의 매출을 책임지는 제품팀들과 만날 기회가 없다는 점이 마음에 걸렸다. 회사 분위기를 바꾸기 위해서는 소통을 해야 하는데 그러기 위해서는 조금이라도 더 자주 직원들 얼굴을 봐야 한다는 생각이 들었다.

해결책을 고민하다 일부러 가장 안쪽에 있는 큐비클로 자리를 옮기고 옆 자리에는 인사팀장을 데려다 앉혔다. 바깥의 개방된 자리로 옮기자 출퇴근할 때나 커피 한잔하러 갈 때, 화장실에 드나들 때 복도에서 직원들과 마주치는 기회가 수십 배는 늘어났다. "하이 정욱", "하이 크리스" 이렇게 서로 인사하고 잡담이라도 나누게 되니 직원들과 훨씬 가까워지고 친밀감이 커졌다.

미국에는 '어슬렁거리면서 경영하기(management by wandering around)'라는 말이 있다. 팀장이 직원들 사이나 업무 현장을 계획 없이 돌아다니면서 조직을 관리하는 것을 말한다. 그렇게 하면서 감시한다는 뜻이 아니고 서로 자주 얼굴을 보면서 친근하게 소통하고 유대감을 강화한다는 의미다. 나도 이렇듯 직원들 사이로 들어가자 '어슬렁거리면서 경영하기'의 효과를 몸소 체험할 수 있었다. 직원들이 더 쉽게 다가와 말을 걸었고, 그들 사이에서 일어난 일도 더 빨리 알 수 있었다. 가볍게 점심 약속을 잡기도 편해졌다.

그런데 별도의 사무실에 있든 바깥의 개방된 자리에 있든 적응이 안 되는 일이 있었다. 사람들이 내가 자리에 없으면 서류를 책상 위에 놓지 않고 의자 위에 놓고 가는 것이었다. 처음에는 중요한 서류를 깔고 앉으면 어떻게 하나 하는 생각에 황당했다. 몇몇 사람들의 독특한 버릇인 줄 알았는데 가만 보니 다들 그렇게 했다. 이렇게 하니 중요한 서류를 놓치지 않고 바로 발견할 수 있다는 장점이 있었다. 조그마한 문화의 차이다. 한국에 돌아와 잊고 있다가 이렇게 서류를 의자에 놓고 가는 사람을 발견했다. 그분에게 그 이유를 물어보니 미국에서 일하면서 갖게 된 습관이라고 했다. ●

미국 직장인들은 중요한 서류는 담당자의 책상 위에 놓지 않고
의자 위에 놓고 간다.

나이는
묻지 마세요

미국에서 직장생활을 하면서 내가 가장 편하게 생각했던 것은 '나이와 호칭을 따지지 않는 문화'였다. 물론 미국이라고 나이와 호칭이 전혀 상관없는 것은 아니지만 한국과 비교할 때 상대적으로 적게 따진다는 이야기다.

반면 한국은 끊임없이 나이를 따지고 묻는다. 여러 사람이 모이면 자연스럽게 누가 연장자인지 밝히고 시작한다. 나이를 감추려고 해도 감출 수가 없다. 어떤 모임에서는 참석자 명단을 돌리면서 아무렇지도 않게 주민번호를 요구해 서로의 나이를 저절로 알게 되기도 한다. 기관에서 하는 행사에 가면 필수 요건처럼 이름 옆에 나이를 표시한다.

처음 라이코스에 부임해 직원들과 면담을 할 때 상대의 나이가 궁금한 경우가 있었지만 알 수 있는 방법이 없었다. 대놓고 물어보는 것은 실례라는 점쯤은 알고 있었다. 하루는 인사팀장에게 "직원들의 인적사항을 볼 수 있는 회사 인트라넷이 있느냐"고 물었더니 펄쩍 뛰면서 직원들의 인적사항은 사장이라고 해도 마음대로 볼 수 없다고 말했다. 입사나 퇴사 등의 행정적인 절차 때문에 인사 정보를 확인해야 하는 경우에 한해 인사팀장인 자신만 보는 것이지 그 외 사람에게는 절대 보여줄 수 없단다. 이력서나 지원서에 생년월일을 적는 것을 당연하게 여기고 주민번호를 통해 항상 타인에게 자신의 나이를 드러내 보일 수밖에 없는 한국의 문화와는 달랐다.

그렇더라도 직원 면담을 할 때 이 사람이 어떤 사람인지 정도는 알아야 하지 않겠냐고 하니 이메일로 취합된 이력서를 보내줬다. 하지만 사진, 성별, 나이 등이 없이 학력과 경력만이 건조하게 서술된 영문 이력서를 봐서는 정확한 나이를 가늠하기 어려웠다. 그나마 학교 졸업년도 등으로 대강의 나이를 짐작할 수 있을 뿐이었는데 그것도 안 쓴 사람들이 많았다. 이름만 봐서는 여자인지 남자인지 알 수 없는 경우도 더러 있었다.

사실 나이로 일을 하는 것은 아니므로 직원들의 나이가 궁금할 일은 없다. 하지만 나보다 훨씬 나이가 많아 보이는 일부 엔지니어들의 경우에는 알고 싶을 때가 있었다. 그러나 인사팀장이 그렇게까지 이야기하고 어차피 중요한 것이 아니니 상관하지 않기로 했다.

나이를 따지지 않는 문화보다 내가 더 편하게 여긴 것은 이름을 부르고 존댓말이 없는 언어 습관이었다. 한국에서는 나이나 출신 학교, 출신 지역에 따라 손윗사람의 경우 "형님", "선배"로 부르거나 손아랫사람의 경우 그냥 이름을 부른다. 연배가 높은 사람이나 모르는 사람을 "정희", "재현" 하는 식으로 이름만 부르는 것은 큰 실례일 수 있다. 또 이름이 아니고 성에 대표, 부사장, 전무, 국장, 과장, 대리 등 직책을 꼭 붙여서 불러야 한다. 그렇지 않으면 뭔가 어색한 호칭이 된다. 한국에서는 누구나 상대를 어떻게 불러야 할지 몰라 망설인 경험이 있을 것이다.

이런 한국의 호칭 문화와는 달리 미국에서는 직책 없이 상대의 이름을 부르면 된다. 영어의 특성상 존댓말도 없으며 아무나 이름만 기억하면 된다. 심지어 가족 간에도 그렇다. 존칭이나 높임말에 신경 쓰지 않고 서로 이름을 부를 수 있는 문화가 너무 편했다.

직원들과 복도에서 마주치면 "헤이, 정욱 하우 아 유?"라고 말을 건넨다. 한국의 대기업에서 말단 직원이 사장에게 이렇게 말하는 것을 상상할 수 있을까? 이렇게 서로 편하게 이름을 부르기 때문에 한국에 있을 때보다 직원들과 훨씬 수평한 관계를 유지할 수 있었다. 팀에서 일을 할 때도 한국에 비해 나이와 직위를 덜 의식하고 자유롭게 이야기하는 것이 가능했다. 미국에서도 동부보다는 서부가, 전통 산업계보다는 IT 업계의 스타트업에서 이런 문화가 강한 것 같았다.

일반적인 미국인의 경우 이름이 참 기억하기 쉽다. 크리스, 존, 조, 다이애나, 케빈, 에드, 티파니, 마크……. 나와 긴밀한 관계에 있었던 라이코스 팀장들의 이름이다. 몇 년이 지나도 기억할 수 있을 정도로 이름이 쉽다. 크리스처럼 너무 흔한 이름은 사내에서 동명이인이 여럿 나오는 경우도 있지만 보통 성이 다르기 때문에 별 문제가 안 된다. 이름을 기억하기 쉬운 것은 큰 장점이다. 상대가 자신의 이름을 쉽게, 더 자주 불러줄 수 있기 때문이다. 이름을 부르다 보면 쉽게 친근감을 느끼게 된다.

복잡한 호칭 없이 성도 빼고 이름만 부르고 쉬운 이름을 쓰는 문화는 매일 마주치는 주위 사람들에게도 예외 없이 적용된다. 라이코스 직원들은 자주 다니는 샌드위치 가게의 점원 이름이나 헬스클럽의 매니저 이름을 모두 기억하고 그들의 이름을 불렀다. 심지어 매일 아침 사무실을 청소해주는 사람도 "제인"이라고 이름으로 불렀다. 더 인간적으로 상대를 대할 수 있는 것이다. 이름 대신 "아줌마, 아가씨, 아저씨" 아니면 "저기요"로 호칭할 수밖에 없는 한국의 문화와 비교해 나는 이런 미국의 문화가 매우 부러웠다.

미국인이라고 나이를 완전히 무시하는 것은 아니다. 하루는 재무팀장인 티파니에게 한 팀원의 나이를 아느냐고 물었더니 자기가 어떻게 그걸 아느냐며 펄쩍 뛰었다. 알 필요도 없고 관심도 없다고 했다. 나중에 다른 미국인 임원에게 이야기했더니 재무팀장의 이런 반응은 과장된 것이란다. 나이를 절대 드러내지 않는 사람도 있지만 편하게 공개하는 사람도 있다고 했다. 비공식적으로는 서로 알고 있다는 이야기다.

솔직히 자신보다 나이가 많은 사람이 부하직원이 되는 것은 부담스럽다는 이야기도 들었다. 하지만 나이가 많은 사람이 적응을 못하는 것은 나이 때문이 아니었다. 새로운 변화를 따라가지 못하고 자신보다 젊은 세대와 일하는 것을 불편해하는 성향이 문제였다. 나이가 많아도 유연하게 젊은 마인드로 일할 줄 아는 사람들은 나이 어린 동료나 팀장과 일하는 데 아무 문제가 없었다. 영화 〈인턴(the Intern)〉에 나오는 로버트 드 니로 같은 사람을 생각하면 이해하기 쉽다.

어쨌든 직장에서 서로 나이를 의식하지 않고 일할 수 있다는 것은 좋은 일이다. 나보다 어린 사람이 상사가 되어도 별 상관없이 일할 수 있기 때문이다. 나이로 인해 회사에서 쫓겨나는 일도 별로 없다. 후배가 자기보다 높은 자리로 승진하거나 나이는 많은데 일정 직급 이상 승진하지 못하면 자의 반 타의 반으로 조직을 떠나야 하는 한국 문화와는 확실히 다르다.

존의 후임으로 들어와 나와 1년 6개월 동안 함께 일한 인사팀장 다이애나를 처음 만났을 때 나보다 나이가 훨씬 많아 보였다. 적어도 열 살은 위일 것 같았지만 존의 강력한 추천도 있었고 일을 잘할 것 같아 뽑았다. 그리고 이후 한 번도 나이를 묻지 않았고 본인도 절대 나이를 밝히지 않았다. 같이 일하면서 나이가 부담스럽기는커녕 오히려 그녀의 다양한 경험과 연륜에서 안정감을 느꼈다. 나는 다이애나에게 많은 것을 배웠고 조직을 원만히 운영해가는 데 큰 도움을 받았다.

몇 년 후에 둘 다 라이코스를 그만둔 뒤 점심식사를 함께하는 자리에서 나이 이야기가 나왔다. 그녀는 온화한 미소를 지으며 자기 나이를 맞춰보라고 했다. 그녀의 실제 나이는 내 예상보다 10년 가까이 위인 60세였다. 같이 일하면서 그녀의 나이를 몰랐던 것이 천만다행이라고 생각했다. 알았으면 쓸데없는 편견에 사로잡혀 '다이애나는 나이가 많아서 이런 일은 못할 거야'라고 지레짐작하지 않았을까. 다이애나를 보면서 정말 나이는 숫자에 불과하다는 사실을 실감했다.

한국은 언제쯤 나이로 인한 서열 문화를 극복할 수 있을까. 실리콘밸리에서 스타트업을 경영하는 한국인에게 이런 이야기를 들었다. 자신보다 열두 살이나 어린 띠동갑 친구와 회사를 창업해 같이 일하고 있는데 크게 세대 차이를 느끼지 못한다고 했다.

그런데 사업을 확장하면서 한국에서 직원들을 뽑았는데 미국 동료를 대할 때보다 훨씬 부담스럽다고 했다. 직원들이 "대표님"이라고 하면서 말을 걸 때마다 조심하는 것이 보이고 뭔가 평등한 소통을 하기 어려운 벽이 느껴진다는 것이다.

나이에 상관없이 자유롭게 일하는 사회를 만들기 위해 우리의 호칭과 존댓말 문화를 근본적으로 바꾸기 위한 노력이 있었으면 하는 바람이다. ●

스몰 런치,
빅 디너

● 한국의 직장문화에서 점심은 누군가와 함께 식사하는 시
간이다. 적어도 신문사에서 직장생활을 시작한 나는 그렇게 배
웠다. 누군가와 약속을 잡아 사람을 사귀고 정보를 얻는 시간이
점심시간이었다. 따로 약속이 없어도 같은 부서의 동료들과 나
가든가 아니면 누구와든 같이 밥을 먹어야 하는 문화였다. 혼자
식사를 하면 왠지 동료들에게 따돌림을 받는 '루저(Loser)'가 된
듯한 느낌이었다. 이런 이유로 한국에서 회사를 다닐 때는 미리
미리 점심 약속을 잡아놓았다.

점심을 먹고 나서는 대개 카페로 자리를 옮겼다. 일이 바쁘거나 입맛이 없어서 점심을 거르거나 간단히 해결하겠다고 하면 "다 먹고 살자고 하는 일인데" 하면서 같이 나가자고 하는 선배들이 많았다. 그렇게 점심을 먹고 차를 마시는 시간이 비생산적일 수는 있지만 이런 문화를 통해 동료들과 더 많이 소통하고 외부 인맥도 늘어나는 효과가 있었다.

그런데 미국에 와서 보니 사뭇 문화가 달랐다. 미국 직장인들은 점심 약속이 없는 것이 보통이다. 라이코스의 경우 일단 구내식당이 없고 샐러드나 샌드위치를 파는 카페테리아는 걸어서 5분 정도 떨어진 옆 건물에 있었다. 그 외의 식당은 가장 가까운 곳도 차를 몰고 가야 할 정도로 멀리 떨어져 있었다.

이런 이유로 대다수 사람들은 도시락을 싸오거나 가까운 곳에서 음식을 사와 혼자 먹었다. 동료들과 담소하면서 먹는 것을 즐기는 몇몇 직원들은 냉장고와 싱크대가 있는 '키친'에 앉아 식사를 했다. 하지만 대다수는 자기 책상에 앉아 가볍게 점심을 먹었다. 그야말로 우걱우걱 먹어치우는 것이다.

사람들이 싸오는 도시락이라는 것도 천차만별이어서 중국인을 비롯한 아시아인은 우리처럼 제대로 밥이 들어간 도시락을 싸오기도 하지만 보통은 간단히 샐러드나 샌드위치를 싸온다. 전자레인지에 데워 먹는 파스타나 햄버거 같은 슈퍼마켓에서 파는 냉동식품을 그대로 가지고 오는 사람도 많다. 어떻게 저런 것

라이코스의 경우 구내식당은 없고 냉장고와 싱크대가 갖춰진 키친이 있었다(위). 밸런타인데이에 초콜릿을 가져다 놓은 모습(아래)

을 먹나 싶은데 다른 사람의 눈을 전혀 의식하지 않는다. 몇 명이서 같이 피자를 주문해 한 조각씩 먹기도 한다.

미국인의 직장 점심 문화를 한마디로 정의하면 '대충 때운다'고 할 수 있다. 구내식당이 있어도 음식을 자기 자리로 가져가 책상에 앉아 혼자 먹는 사람들이 많다. 한 조사에 따르면 미국 직장인의 67퍼센트가 자기 자리에서 점심을 먹는다고 한다.[1] 뉴저지에 있는 삼성전자의 미국 지사 구내식당에 간 일이 있는데 그곳에서도 한국인은 마주 앉아 식사를 하고 외국인의 경우에는 식사를 가져다 자기 자리에서 혼자 먹는 사람들이 많았다.

호화로운 공짜 점심을 제공하는 구글이나 페이스북 같은 실리콘밸리 회사들은 미국 전체로 보면 극히 예외적인 경우라고 할 수 있다. 이들 회사가 공짜 점심을 제공하는 이유 중 하나는 직원들이 점심시간에 서로 소통할 수 있는 기회를 만들어주기 위해서라는 말을 들었다. 하지만 이런 회사에서도 점심거리를 식당에서 가져다 자기 자리에서 혼자 먹는 사람들이 많다.

이렇게 점심을 간단히 먹는 가장 큰 이유는 아마도 식사 시간을 최소화하고 일에 집중하기 위해서일 것이다. 식당이 멀어 밖에서 먹고 오면 한 시간이 훌쩍 넘게 걸리기 때문이다. 밖에 나가서 먹기보다는 안에서 후딱 해치우고 일을 빨리 끝내려는 것이다. 상사 눈치 보느라 야근을 하는 문화가 없기 때문에 일을 빨리 끝내면 제시간에 집에 갈 수 있다.

솔직히 나는 이런 미국인의 점심 문화가 썩 마음에 들지 않았다. 한국과 비교해 미국 직장 동료들 간에 '정'이 없고 개인주의가 팽배한 것은 이런 건조한 점심 문화의 영향도 어느 정도 있다고 생각했다.

하지만 나는 라이코스에서 거꾸로 이런 점심 문화를 이용했다. 한국식으로 적극적으로 직원들에게 점심을 같이할 것을 청해 인근 식당에서 식사했다. 점심시간에 선약이 있는 경우는 거의 없었으므로 쉽게 식사 파트너를 구할 수 있었다. 그들을 데리고 자동차로 15분 거리에 있는 렉싱턴 시내 한국 식당에 가서 돌솥비빔밥을 시켜주고 한국 문화에 대해 이야기해주기도 했다.

이런 방식으로 나는 많은 직원들과 벽을 허물고 서로를 알아갔다. 음식 앞에서는 업무 미팅 때는 할 수 없는 가볍고 사적인 이야기를 할 수 있었고 그러다 보면 묻지도 않았는데 놀라울 정도로 솔직하게 개인사를 털어놓는 사람도 있었다. 어디서 자라서 학교를 다녔고 형제자매는 어떻게 되고 자녀는 몇 명인지, 심지어는 기구한 가족사와 이혼 경력까지 술술 털어놓는 경우도 있었다. 덕분에 미국인들의 삶과 고민 등을 더 잘 이해할 수 있었다. 서로 신뢰를 쌓았다고 할까. 그들도 알고 보면 우리와 똑같은 고민을 하는 사람들이었다.

앞에서도 말한 것처럼 미국에서 직원들에게 특별한 일이 없이 저녁식사를 청하는 것은 'NG(No Good)'이지만 점심식사를 청하는 것은 미덕이다. 이런 경험을 통해 밀린 일을 따라잡기 위해서든, 공부를 위해서든, 인맥을 넓히기 위해서든 점심시간을 활용하는 것은 매우 중요한 일이라고 생각했다. ●

미팅은
콘퍼런스콜로

● 좁은 국토를 가진 탓인가. 한국인은 웬만하면 얼굴을 맞대고 일하는 것을 선호한다. 회의가 있으면 무조건 모두 같은 방에 모여 서로 얼굴을 보면서 이야기하는 데 익숙하다. 이메일이나 전화로 소통하는 것보다 말이다.

을의 위치에 있는 회사가 갑의 회사에 뭔가를 제안하고자 한다면 아무리 멀어도 직접 가서 마주 앉아 미팅해야 한다. 중요한 계약을 놓고 상대에게 전화로 회의하자고 하는 것은 실례다. 우리는 서로 얼굴을 봐야 안심하고 식사나 술 한잔하면서 친밀감을 쌓을 수 있다면 금상첨화다. 반면 미국인의 경우 얼굴을 안 보고 전화로 회의해도 전혀 문제가 되지 않는다.

처음 라이코스에 갔을 때의 일이다. 세일즈팀의 콜린과 이야 기하는데 "곧 미팅에 들어간다"고 해서 누구와 만나느냐고 물었 다. 야후란다. '아니, 우리 회사의 중요한 거래처 중 하나인 야후 담당자가 캘리포니아에서 보스턴까지 출장을 왔나? 그런데 이 친구는 왜 내게 이야기하지 않았지?' 순간 그런 의문이 들었다.

알고 보니 야후 사람이 우리 사무실을 방문한 것이 아니라 콘 퍼런스콜을 하는 회의를 말했다. 외부 사람들과 하는 웬만한 회 의는 콘퍼런스콜로 처리하다 보니 그냥 '미팅'이라고 한다는 것 이다. 이곳에서는 사내 직원들끼리 하는 회의를 제외하고 외부 와 하는 대부분의 회의가 그렇게 진행됐다.

왜 그럴까. 일단 국토가 광활하고 지역에 따라 시차가 존재하 는 미국에서는 직접 얼굴을 맞대고 회의를 하는 것이 불가능한 경우가 많다. 뉴욕 같은 대도시에 위치한 회사들을 제외하고 웬 만한 미국 회사는 주요 거래처가 한두 시간 이내에 직접 운전하 고 가서 만날 수 있는 거리에 있는 경우가 흔치 않다.

예를 들어 동부 보스턴 지역에 위치한 라이코스의 가장 중요 한 거래처인 야후와 구글은 모두 서부 실리콘밸리에 있다. 보스 턴에서 비행기로 6시간 30분을 날아가야 하며 시차도 3시간이 나 난다. 쉽게 갈 수 없는 거리다. 이런 이유로 야후와 구글의 라이코스 담당자는 1년에 한 번 정도 보스턴에 들러 지역 파트너들과 같이 식사하는 시간을 갖는 것이 전부였다.

그렇다고 비즈니스 상대에게 쉽게 전화를 걸 수 있는 것도 아니다. 미국에서 비즈니스를 할 때는 서로 웬만큼 가까운 사이가 아니고는 다짜고짜 상대에게 전화를 거는 경우가 거의 없다. 설령 이쪽에서 전화를 건다고 해도 모르는 번호로 걸려온 전화는 상대가 받지 않는다. 때문에 상대에게 전화하기 전에 미리 이메일로 "며칠 몇 시에 무슨 용건으로 전화를 걸어도 되겠느냐"고 확인하는 것이 예의다. 다른 시간대에 있는 상대에 대한 배려다.

미국에는 본토에 동부, 중부, 마운틴, 서부 시간대 등 네 개의 시간대가 있고 그밖에도 알래스카, 하와이 등 총 아홉 개의 시간대가 존재한다. 예를 들어 캘리포니아에 근무하는 사람이 무심코 오후 4시에 보스턴에 있는 회사에 전화를 건다고 해보자. 그 시간이면 보스턴은 이미 저녁 7시다. 그는 귀가해서 가족과 식사하고 있는 상대의 사생활을 침범하는 무례를 범할 수 있다. 아주 위급한 경우가 아니면 이렇게 해서는 안 된다. 페이스북이 유달리 미국에서 인기를 끈 이유 중 하나도 서로 다른 시간대에 흩어져 사는 가족이나 친구들과 안부를 전하기가 쉽기 때문이다.

어쨌든 이메일을 이용해 미리 회의 시간을 잡고 나면 대개는 일정관리 소프트웨어로 회의 참석자들에게 초대 메일을 보내 참석자 명단과 콘퍼런스콜 전화번호를 공유한다. 그러면 이메일을

라이코스에서 아르헨티나 관계 회사와 화상으로 연결해 미팅하
는 장면

받은 사람들이 참석한다고 확인 버튼을 눌러준다. 미국 직장인은 거의 반드시라고 할 정도로 캘린더로 서로 일정을 공유한다. 이렇게 하면 PC와 스마트폰의 캘린더에도 일정이 자동으로 입력되고 업데이트되기 때문에 편리하다.

지인이 어떤 회사를 이메일로 소개하는 경우도 많다. 그럴 때에도 전화 통화보다 일단 이메일로 대화를 시작한다. 어느 정도 서로의 목적이 파악되면 콘퍼런스콜 시간을 잡은 다음 전화로 구체적인 이야기를 나누고 서로 협업할 내용이 있으면 다시 이메일이나 추가 콘퍼런스콜로 일을 진행한다.

비즈니스 계약서 교환도 직접 만나서 하지 않는다. 대체로 계약서 초안을 이메일로 주고받으며 수정하다가 확정되면 PDF 파일로 만들어 교환한다. 최종적으로 계약서를 인쇄해 사인한 다음 스캔해서 보내면 끝인 경우가 많다. 인감도장이나 막도장을 찍는다든가 하는 불필요한 일로 시간을 낭비하지 않아도 된다. 아주 중요한 계약이 아니면 계약 시작부터 종료까지 상대 회사 담당자를 한 번도 만나지 않는 경우도 허다하다. 회사 신용도는 신용평가 회사의 데이터베이스에서 확인한다. 보통 D&B 같은 신용평가 회사의 데이터를 이용하며, 이 데이터베이스에서 신용도가 낮은 것으로 확인되면 거래하지 않는다.

이처럼 미국에서는 전화 통화로만 일하고 업계 행사에 참석해야 상대의 얼굴을 볼 수 있다. 1년에 한 번씩 뉴욕이나 샌프란시스코, 라스베이거스 같은 대도시에서 열리는 CES(국제전자제품전시회), ADtech(광고기술전시회), GDC(게임개발자콘퍼런스) 같은 콘퍼런스는 업계 사람들을 만나고 교류할 수 있는 소중한 기회다. 이런 콘퍼런스에는 주로 사업 개발이나 영업 부서 사람들이 참석하는데 미리 거래처나 잠재고객들과 얼굴을 맞대고 만나는 '진짜' 미팅 약속을 촘촘하게 잡는다. 실제로 이런 자리에서 중요한 계약이 이뤄지기도 한다.

이처럼 미국의 직장 문화는 건조한 반면에 실용적이다. 별로 중요하지 않은 미팅을 위해 몇 시간을 길에 버리거나 하지 않는다. 눈도장을 찍는 문화가 없기 때문이다. 심지어는 한 시간이나 30분이면 갈 수 있는 거리에 있는 회사도 콘퍼런스콜로 미팅하는 경우가 많다. 반드시 얼굴을 봐야 하는 일도 아닌데 무엇하러 가냐는 것이다. 그렇기 때문에 영업을 담당하는 사람의 얼굴보다는 상대 회사의 제품이 갖는 가치를 보고 거래 결정을 내린다. 건조하긴 했지만 시간이 지나면서 나도 차츰 이런 문화가 편해졌고 합리적이라고 생각하게 됐다.

한 가지 고백하자면 나는 사실 처음에 이런 콘퍼런스콜을 별로 좋아하지 않았다. 이유는 간단하다. 영어가 딸리기 때문이었다. 서로 얼굴을 맞대고 하는 회의에서도 100퍼센트 알아듣고 자유롭게 내 의견을 피력하기가 힘든데 전화로 회의하는 것은 더욱 쉽지 않은 일이었다. 내 나라 말로 이야기하지 않을 때는 잠깐만 딴생각을 해도 중요한 부분을 놓치기 쉬우며 통화 품질이 좋지 않을 때는 더 알아듣기가 어려웠다. 상대의 얼굴 표정을 보면서 대화의 완급을 조절해야 하는데 음성으로만 대화하는 콘퍼런스콜에서는 그것도 힘들었다. 이런 이유로 나는 콘퍼런스콜을 기피했다. 지금은 많이 나아졌지만 역시 쉽지 않다.

외국 회사가 한국 회사와 일할 때 한국 측이 언어 장벽 때문에 콘퍼런스콜을 기피하는 경우를 자주 봤다. 하지만 이메일을 끝없이 주고받는 것보다 콘퍼런스콜을 한 번 하면 단번에 일을 진행시킬 수 있다. 콘퍼런스콜을 하기 전에 이 회의를 통해 무엇을 결정하고자 하는지를 이메일로 분명히 밝혀두면 편리하다. 회의 중 말을 알아듣기 어려울 때는 절대로 창피해하지 말고 상대에게 천천히 아니면 반복해서 말해달라고 요청한다. 얼굴을 맞대고 이야기하는 것이 아니기 때문에 알아듣기 어려운 것은 당연한 일이다. 회의가 끝나고 나서 요점을 정리해 이메일로 주고받고 불분명한 점은 질문해 확인하는 것이 좋다. 글로벌 비즈니스에 관심 있다면 콘퍼런스콜에 적극적으로 응하고 그에 익숙해지는 것이 필요하다.

참고로 미국 회사라도 모두 이런 원격 회의를 선호하는 것은 아니다. 회사마다 조금씩 차이가 있다. 스티브 잡스는 생전에 콘퍼런스콜을 싫어해 보고를 들을 일이 있으면 무조건 담당자를 애플 본사가 있는 쿠퍼티노로 오라고 해서 얼굴을 맞대고 이야기한 것으로 유명하다.

라이코스의 경우 콘퍼런스콜을 많이 하긴 했지만 스타트업의 투자 피칭이나 중요한 계약을 따내기 위한 미팅 즉, 상대를 설득하기 위한 미팅은 가급적이면 직접 얼굴을 맞대고 하는 걸 선호했다. 한국 회사가 큰 계약을 앞두고 외국 회사나 투자자를 설득해야 할 경우에는 직접 만나서 대화하는 것이 계약을 성공시킬 확률이 훨씬 높다. ●

집에서 무슨 일을 한다는 거야?

● 미국의 직장생활에서 한국과 다르다고 느낀 것 중 하나가 재택근무에 너그러운 분위기였다. 라이코스에서는 재택근무를 'Work From Home(WFH)'이라고 했는데 텔레커뮤팅(Tele-commuting)이라고도 한다. 꼭 집에서 일하는 것이 아니라면 '원격근무'라고도 할 수 있다. 최근 10년간 기술의 발전에 힘입어 미국에서는 어디서나 회사 안에 있는 것처럼 업무를 볼 수 있게 되어 이런 원격근무가 급증했다.

한국의 웬만한 회사 관리자들이 그렇듯 나도 처음에는 이런 재택근무에 대해 부정적이었다. 관리자의 입장에서 팀원들이 눈에 보이지 않으면 일을 하고 있는지 놀고 있는지 알 수 없다고 생각하기 때문이다. 집에서 가족과 함께 있으면 일에 집중할 수 있을지도 의심스러웠다. 일과 가정생활이 분간할 수 없게 뒤섞이지 않을까?

라이코스에 부임하고 얼마 지나지 않아 내가 재택근무에 대해 더욱 부정적인 시각을 갖도록 만든 일이 벌어졌다. 재무 담당 임원인 케빈이 매주 금요일마다 출근하지 않는 것이었다. 알고 보니 그는 자동차로 한 시간 이상 걸리는 곳에 살고 있었다. 출퇴근 시간의 살인적인 교통체증을 고려하면 하루에 3시간을 길에서 허비할 수도 있었다. 이런 이유로 그는 이전 사장에게 매주 금요일은 재택근무를 하기로 허락을 받았다고 한다. 자신은 집에서 일할 때 주위의 방해를 받지 않기 때문에 가장 생산성이 높다고 말했단다.

그 이야기를 듣고 나는 다소 황당하고 어이없었다. 당시 회사는 흑자 전환을 위해 강도 높은 비용 절감, 각 부문 사업 재진단 등을 실시하고 있었다. 그런데 핵심 업무를 맡고 있는 임원이 주 4일밖에 출근하지 않는다는 것이 마음에 걸렸다. 자진해서 철회해도 시원찮을 판에 재택근무는 당연한 권리인 것처럼 말하는 그에게 금요일 재택근무를 계속 허용해야 할지 고민스러웠다.

알고 보니 재무팀 직원들 중 상당수가 케빈이 금요일에는 거의 일을 하지 않는다고 믿고 있었다. 그가 금요일에는 별도 미팅도 잡지 않고 이메일에 답변도 잘 하지 않았기 때문이다. 사실인지는 모르겠지만 일부 직원들은 골프 애호가이며 매사추세츠 주 케이프코드의 골프 코스 내에 사는 그가 금요일마다 골프를 즐길 것이라고 생각했다.

결국 그는 다른 이유로 얼마 지나지 않아 회사를 떠났다. 당시 라이코스에는 캘리포니아 주와 뉴저지 주에서 재택근무를 하는 영업 담당 직원이 각각 1명씩 있었다. 매출 촉진을 위해 실험적으로 채용한 사례였는데 역시 이렇다 할 성과를 내지 못해 그들도 몇 개월 뒤 회사를 떠났다.

이처럼 나는 재택근무에 대한 부정적인 시각을 갖고 미국에서 직장생활을 시작했다. 하지만 미국에서 재택근무는 일상적인 직장 문화임을 깨달았고 이후 재택근무에 대한 내 부정적인 시각도 바뀌기 시작했다.

재택근무는 중요한 복지 혜택 중 하나 ● ● ●

내게 직접 보고하는 팀장들 중에서도 "의사와 약속이 있다", "베이비시터가 오지 못해 애를 봐야 한다", "집에 고장난 곳을 고

치러 수리공이 오기로 되어 있다" 등 다양한 이유로 오늘은 집에서 근무하겠다고 요청하는 경우가 많았다.

한국 같으면 나부터도 차마 집에서 일하겠다고 말하지 못할 것이고 개인 용무가 생겨 반나절 이상 자리를 비워야 한다면 반차를 냈을 것이다. 재택근무 문화가 없는 많은 한국의 직장 상사들은 부하들이 그런 요구를 하면 "제 정신이냐?"라고 반문할지도 모른다. 천재지변이 나도 웬만하면 직장에 출근해 상사에게 눈도장을 찍는 것이 미덕이 아닌가. 나도 그렇게 배웠기 때문에 처음에는 개인적인 용무를 위해 재택근무를 요청하는 것을 못마땅하게 여겼다.

하지만 시간이 지나고 미국 생활에 어느 정도 익숙해지니 그들이 재택근무를 해야 하는 이유가 납득됐다. 일단 직장 주변에 있는 아무 병원이나 쉽게 갈 수 있는 한국과 달리 의료보험제도가 복잡한 미국에서는 몸이 아플 때 집 근처 병원의 지정된 의사에게 가야 하는 경우가 많다.

또 어린 아이들을 혼자 두는 것이 법으로 금지되어 있으며 차가 없으면 꼼짝도 할 수 없기에 부부가 교대로 아이들을 챙겨야 한다. 더구나 웬만한 미국 가정은 아이를 두 명 이상 낳기 때문에 부부가 아침저녁으로 아이들을 통학시키느라 분주한 경우가 많다. 대부분 아파트 같은 공동주택이 아닌 단독주택에 사는 미국인의 경우 집을 고치고 관리하는 것도 보통 일이 아니다. 가까이 사는 연로한 부모님을 수발하기 위해 재택근무를 해야 한다는 사람도 있었다.

이렇게 그들의 입장을 이해하게 되자 자연스럽게 나도 재택근무에 너그러워졌다. 주어진 일을 기한 안에 처리하고 집에서도 바로바로 이메일이나 전화에 응답한다면 큰 문제가 없다고 여기게 됐다.

게다가 나와 같이 일한 인사팀장 존과 다이애나는 재택근무를 매우 긍정적으로 생각했다. 그들은 대기업과 비교해 고액의 연봉을 줄 수 없는 우리 같은 회사는 필요한 경우에 재택근무 같은 유연한 근무시간제도를 제시하는 것이 좋은 인재를 채용할 수 있는 방법이라고 주장했다. 재택근무 허용은 직원에 대한 중요한 복지 혜택이라는 것이었다.

실제로 채용 인터뷰를 하다 보면 지원자가 회사가 재택근무에 너그러운 분위기인지를 묻는 경우가 있었고 그것이 입사를 결심하는 데 중요한 요소로 작용하기도 했다. 이직하겠다고 알려온 엔지니어 중에 새로 일할 회사가 재택근무를 허용하기 때문에 옮긴다는 경우도 드물지 않았다. 소프트웨어 엔지니어 구인난이 심각한 미국에서는 사는 지역에 관계없이 실력만 있으면 무조건 채용하는 경우가 종종 있다.

집에서 일하는 것이 생산성이 더 높을 수 있다는 점도 재택근무의 장점 중 하나다. 걸려오는 전화나 동료의 방해를 받지 않고 일에만 집중할 수 있기 때문이다. 대부분 단독주택에 사는 미국인은 집에 일에 전념할 수 있는 서재 같은 공간을 따로 마련해놓은 경우도 있다. 마지막으로 재택근무는 자동차 기름을 절약할 수 있는 새로운 시대의 친환경적인 근무 형태라는 주장도 있었는데 부정하기 어려웠다.

미국에서도 찬반 의견 분분　● ● ● ●

내 주변에도 재택근무를 하는 사람이 꽤 많았다. 이웃에 사는 한 한국 선배는 누구나 이름만 대면 알 만한 유명 대기업으로 이직했다. 그런데 그 회사는 보스턴에 지사가 없는 관계로 선배는 100퍼센트 재택근무를 했다. 처음에는 재택근무를 해서 편하고 좋다고 말하던 선배는 1년여가 지난 뒤에 그 회사를 떠났다. 하루 종일 집에서 일하는 것이 답답하기도 하고 대화할 동료가 없으니 왠지 소외되는 느낌이라고 했다. 승진과 경력관리에 있어서도 불이익을 당할까 걱정하던 선배는 오히려 매일 아침 일찍 출근해야 하며 재택근무를 허용하지 않는 엄격한 분위기의 미국 회사로 옮겨갔다. 재택근무가 반드시 좋기만 한 것은 아님을 그때 느꼈다.

나는 미국에서도 규칙적으로 아침 일찍 사무실에 출근하고 적당한 시간에 너무 늦지 않게 퇴근했다. 이는 집에서 20분 거리에 회사가 있기 때문이기도 했다. 사장이 항상 회사에 같이 있다는 존재감을 주는 것이 중요하다고 생각했다. 사장은 언제나 회사 내의 모든 사람이 지켜보는 존재가 아닌가. 무엇보다 나는 회사에서 일하는 것이 더 익숙하고 생산성도 높았다. 각자에게 맞는 근무 형태를 찾아 실천하면 되는 것이다.

직장에 재택근무가 자리 잡기 위해서는 어떤 조치가 필요할까. 무엇보다 그에 걸맞은 문화가 정착되어야 한다.

첫째, 회사가 직원을 신뢰하는 것이 중요하다. 눈에 안 보이더라도 직원들이 성실히 일할 것이라고 믿어야 한다. 직원이 재택근무를 요청하는 경우 그럴 만한 이유가 있다고 믿고 직원들도 누가 보지 않아도 성실히 일하는 문화가 자리 잡아야 한다.

둘째, 직원을 성과로 평가하는 문화가 필요하다. 아침에 일찍 나와 늦게까지 자리를 지키는 근태로 직원을 평가하는 회사는 당연히 재택근무에 너그럽지 않을 것이다. 반면 어디서, 하루에 몇 시간을 일하는가와 상관없이 주어진 일을 얼마나 잘 완수하는지 즉, 성과 위주로 평가하는 회사라면 재택근무를 반대하지 않을 것이다.

셋째, 직원이 해야 하는 일과 목표 등이 분명하게 정의돼 있어야 한다. 회사의 비전과 목표가 명확하지 않고 직원의 평가와 관리가 제대로 정의되지 않는 회사라면 재택근무를 악용할 수 있다.

마지막으로 어디서나 효율적으로 일할 수 있도록 회사에 IT 업무 시스템이 마련돼 있어야 한다. 사용하기 편한 이메일, 메신저, 전자결재시스템, 화상회의 소프트웨어 등이 갖춰져 있고 보안 시스템도 복잡하지 않아야 회사 밖에서도 신속하게 일을 처리할 수 있다.

재택근무가 급속히 확대되고 있는 미국에서도 재택근무를 전면적으로 허용해야 하는지 대해 말이 많다. 예전에 머리사 메이어 야후 CEO가 재택근무를 전면 금지한 것이 미국 전역에서 큰 논란을 불러일으켰다. 특히 일과 육아를 동시에 해야 하는 여성의 입장에서 재택근무 전면 금지는 가혹한 조치라는 비난이 뒤따랐다.

재택근무 문화 때문에 무턱대고 미국 회사가 부럽다고 해서는 안 된다. 성과가 좋지 않으면 가차 없이 해고하는 것이 미국 회사다. 미국에서도 승진에 욕심이 있는 직장인의 경우 재택근무 여부에 관계없이 밤낮없이 일하고 한밤중이나 주말에도 이메일에 답장한다. 당시 메이어는 직원들에게 보낸 이메일에서 성과 검토 결과에 따라 목표를 달성하지 못한 직원 500명 가량을 해고할 것이라고 말했다. 우리 회사는 좋은 회사라며 복지 혜택에 취해 일을 게을리하다가는 어느 날 갑자기 일자리를 잃는 곳이 미국이다. ●

직원 이메일은
회사의 자산

● 한국 회사에서도 어느 정도 일반화되어 있지만 미국 회사에서 이메일은 업무의 핵심 요소다. 모든 일이 이메일을 중심으로 진행되며 이메일만 잘 써도 일을 효율적으로 처리할 수 있다.

업무 관계로 만난 사람과도 거리낌 없이 전화번호를 교환하고 별로 중요하지 않은 용건으로 휴대전화로 전화를 거는 한국 문화가 미국에서는 오히려 무례하게 비칠 수 있다. 미국인은 기본적으로 일하면서 상대에게 예고 없이 전화를 걸지 않으며 모르는 번호로 걸려온 전화는 받지 않는 사람들도 많다. 전화를 받더라도 자동으로 음성 사서함으로 넘어가도록 설정해두는 경우가 많으며 남겨진 메시지를 들은 다음 필요하면 전화를 건다.

문자 메시지를 애용하는 한국인과는 달리 미국은 폭설로 인한 휴교 같은 학부모들에게 보내는 단체 메시지도 문자 대신 음성으로 알려준다. 알림 전화를 받지 못하면 음성 메시지로 남겨지는 방식이다. 미국에서는 전화나 문자를 받는 쪽에서도 요금을 부담하기 때문에 스팸 문자에 특히 민감하다.

이메일이 직장생활의 기본인 미국 회사들이 이메일을 쓰는 방식은 다음과 같다.

첫째, 특별한 격식 없이 짧게 쓴다. 정말 용건만 간단히 쓴다. "하이, 존"처럼 가볍게 시작해 곧바로 용건으로 넘어간다. 오랜만에 연락하는 경우에도 간단한 안부 인사를 건넨 뒤 곧바로 용건을 이야기하며 "Best, Best wishes" 등의 인사와 함께 끝맺는다. 돌이켜보면 이메일을 간결하게 쓰기가 더 어려웠다.

둘째, 신속하게 답장을 보낸다. PC에서든 스마트폰에서든 이메일을 받은 즉시 답장하는 사람이 많다. 이메일을 보내면 당연히 답장할 것이라고 생각하기에 따로 전화를 하거나 문자를 보내 "이메일을 보냈으니 확인하고 답장 바란다"고 이야기하는 경우는 거의 없다. 답장도 "Yes", "OK" 같은 식으로 매우 간단하게 하고 마치 채팅하듯 이메일을 교환할 때가 많다. 이는 이메일 교환 속도가 업무의 속도와 직결되기 때문이다.

셋째, 참조 기능을 잘 활용한다. 이메일을 보낼 때 업무에 직접 관여하는 상대 이외에 그 내용을 알아야 할 사람들을 참조자로 넣는 것이다. 답장을 할 때는 꼭 '전체 회신'을 해서 다 같이 정보를 공유한다. 나중에 길게 이어진 이메일 교환 내용만 살펴봐도 무엇을 어떻게 논의했는지 알 수 있다. 물론 지나치게 많은 사람을 참조로 넣는 것은 이메일 폭탄이 될 수 있다. 한국에서는 간혹 전체 회신 대신 메일을 보낸 당사자에게만 답장을 해 당황스러울 때가 있다.

넷째, 이메일 자체가 업무상 효력을 갖는다. 구매 지출 결의나 대외 계약 체결 등을 제외하고 회사 내부 의사결정은 별도의 결재문서 없이 이메일을 통해 이뤄지는 경우가 많다. 이메일이 공식 결재문서로서의 효력이 있는 것이다. 쉽게 말해 관련자를 참조자로 넣어 메일로 회람하는 전자결재라고 생각하면 된다. 작은 회사일수록 이런 문화가 발달되어 있다. 미국 회사들은 내부 구매 승인 시스템 등을 제외하고 따로 전자결재 시스템을 쓰지 않으며 이메일로 대신하는 경우가 많다.

다섯째, 개인 이메일은 일체 사용하지 않는다. 회사 업무에 야후 메일이나 지메일 같은 개인 이메일을 쓰는 것은 금기시된다. 회사 이메일도 자신의 이름을 기본으로 작명한다. 회사 이메일에 Honeybee@icn.com나 movielover@icn.com 같은 식으로 닉네임을 쓰는 경우는 극히 드물다. 솔직히 본 기억이 별로 없다. 이런 이메일 주소를 미국 직장인들은 프로페셔널하지 않다고 여길 것이다. 미국 회사와 비즈니스를 할 때는 이 점을 유념해야 한다.

여섯째, 사람을 소개할 때는 반드시 이메일을 활용한다. 미국에서 회사나 사람의 소개는 물리적 만남 없이 이메일을 통해 이뤄지는 경우가 많다. 소개하려는 사람이나 회사가 멀리 떨어져 있어 물리적으로 직접 만나는 것이 쉽지 않기 때문이다. 이런 이유로 미국에서는 소개 이메일을 잘 써야 유능한 비즈니스맨이라는 이야기를 듣는다. 미국에서 사는 동안 나는 미국에서 몇백 통이상 소개 이메일을 쓰거나 혹은 이메일로 사람을 소개받았다. 그중 실제로 만나본 적이 없는 사람들도 부지기수다. 이런 경우이메일로 "Nice to meet you over email"보다 "It's great to connect with you"라고 인사하는 것이 좋다.

일곱째, 직원의 이메일함은 당연히 회사 소유다. 회사에서 해고되면 가장 먼저 회사 이메일함부터 차단된다. 업무 메일에 담겨 있는 내용을 회사의 재산이라 여기기 때문이다. 영업 담당자가 해고되면 후임자에게 전임자의 이메일함을 통째로 전달하기도 한다. 영업상 중요한 내용이 그 안에 들어 있기 때문이다.

여덟째, 이메일은 중요한 증거 자료다. 업무상 사고가 생기거나 소송이 발생하면 이메일이 증거 자료로 활용된다. 법원 명령에 따라 이메일을 제출해야 하는 경우도 있다. 이 경우 고의로 이메일을 삭제하는 것은 증거 인멸 시도가 되기 때문에 주의해야 한다. 내가 쓰는 회사 이메일을 나중에 다른 사람들이 볼 수 있다는 점을 명심하고 사적인 이메일이나 감정이 섞인 이메일은 자제해야 한다.

나는 라이코스를 그만두면서 3년 치 이메일을 남겨두고 나왔다. 그런데 다음과 인도 회사 사이에 라이코스 인수 가격을 놓고 분쟁이 벌어졌다. 소송 과정을 거치면서 인도 회사에서 변호사를 시켜 그 이메일을 모두 검토했다는 이야기를 들었다. 일이 무사히 마무리된 후 나는 놀란 가슴을 쓸어내렸다. 잘못한 일이 없었기에 망정이지 하마터면 큰일 날 뻔했다.

이런 이메일 문화를 가진 미국인은 다른 나라 회사와 일할 때 답장이 느리거나 없다고 불평하는 경우가 많다. 라이코스 직원들도 모회사인 다음이 이메일에 답장을 하지 않거나 늦게 하는 것을 불만스럽게 생각했다. 얼굴도 보지 못하고 이메일로만 소통하는 상황에서 그런 일이 계속되면 상대를 신뢰할 수 없게 된다.

미국 회사에서 일하는 한국인들도 한국 회사와 이메일을 교환하면서 답답해하는 경우가 많다. 한국에 이메일을 보냈는데 함흥차사여서 꼭 전화로 수신 여부를 확인하고 답장을 독촉해야 한다는 것이다. 그들은 한국에서 업무 내용을 카카오톡이나 문자로 교환하는 것도 이해하지 못한다. 업무 내역은 이메일로 남겨야 한다고 생각하기 때문이다.

물론 미국인이라고 해서 모두 이메일을 잘 쓰는 것은 아니다. 제때 답장하지 않아 주위의 원성을 사는 사람도 있었다. 너무 이메일을 많이 받는 나머지 중요하지 않다고 생각하는 사람에게서 온 메일에는 답장하지 않는 경우도 있었다. 이런 일이 반복되면 평판이 나빠질 수 있으므로 주의해야 한다.

최근 이런 미국의 이메일 중심 업무 문화에 조금씩 변화가 일어나고 있다. 슬랙(Slack)처럼 이메일을 대체하는 업무 소프트웨어가 나와 스타트업을 중심으로 광범위하게 사용되고 있다. 팀 협업용 게시판 기능과 메신저 기능이 결합된 슬랙을 쓰면 메일을 보내지 않고도 원활하게 일을 진행할 수 있다. 한국에서는 비슷한 소프트웨어로 잔디(Jandi)가 나와 있지만 대외적인 커뮤니케이션을 위해서는 이메일을 사용해야 한다.

개인적으로 미국식 이메일 문화를 긍정적으로 평가한다. 미국 회사들이 재택근무나 원격근무를 허용하는 것도 이처럼 이메일을 효율적으로 사용하는 문화가 확립되어 있기 때문이다. 한국의 경우 고위층으로 올라갈수록 이메일과 친숙하지 않은 경향이 있다. 고위 임원들 중에는 이메일을 받기만 할 뿐 답장을 하지 않는 사람도 있다. 문자나 카톡을 선호하거나 회사 업무에 개인 이메일을 쓰는 경우도 많다. 대기업 임원이나 고위 공무원들 중에 명함에 버젓이 개인 이메일을 써놓는 사람이 있어 당황스러울 때가 있다.

무조건 미국식 이메일 문화를 따라야 한다는 것은 아니다. 하지만 공사를 구분하는 프로페셔널한 이메일 문화가 확립되면 업무 처리 속도가 빨라지고 처리 내역이 잘 보존될 것이다. 무엇보다 글로벌 비즈니스를 진행하기가 수월해진다. 한국의 이메일 문화가 바뀌기를 기대해본다. ●

대나무 천장과
능력주의 사회

● 라이코스에서 1년 6개월 동안 나와 함께 일한 재무팀장 멜라니는 주위에서 워커홀릭으로 통했다. 회사의 회계와 재무를 책임지는 그녀는 책임감이 무척 강해 야근을 밥 먹듯 하고 필요하면 주말에도 나와서 일했다.

회계 업무라는 것이 매주, 매달 데드라인이 있으므로 야근이나 주말 근무가 불가피한 면이 있지만 내가 쉬엄쉬엄하라고 해도 일이 많아 어쩔 수 없다며 한결같이 열심히 일했다. 그녀는 일반적인 미국 직원들과는 확실히 달랐고 한국 본사도 그녀를 좋아했다.

시간이 지나고 조금 가까워지자 멜라니는 내게 개인적인 이야기를 털어놓았다. 자신은 뉴햄프셔 주 소도시에서 가난한 집의 딸로 태어났으며 대학 학자금 대출을 나이 서른에야 다 갚았다고 했다. 한마디로 그녀는 억척스럽게 사는 평범한 백인 여성이었다. 돌이켜보면 그녀는 소위 말하는 '흙수저'였다.

그녀는 가끔 자신은 그처럼 고생하는데 옆에서 일찍 퇴근하는 팀원들을 원망하기도 했다. 미국의 직장 분위기를 고려할 때 특별한 경우가 아니면 팀원들에게 야근을 강요할 수도 없었다. 한번은 지급 업무를 담당하던 직원이 해고되어 팀원을 충원할 일이 생겼다. 기본적인 지급 업무는 물론 온갖 잡무를 도맡아줄 사람이 필요했다. 나는 일에 있어서 무척 깐깐한 멜라니가 어떤 사람을 팀원으로 뽑을지 궁금했다. 내심 백인 동네에서 성장한 멜라니가 자신과 비슷한 배경을 가진 부지런한 백인 여성을 뽑지 않을까 예상했다. 하지만 그녀가 데려온 새로운 직원은 젊은 중국 여성이었다.

20대 중반인 후지에는 대학을 졸업하고 상하이에서 미국계 회계법인에 다니다 보스턴으로 유학을 왔다. 이후 2년 동안 회계학을 공부했으며 이제 졸업을 앞두고 일자리를 찾고 있었다. 그녀는 영어가 모국어인 것도 아니고 미국 체류 경험도 2년에 불과했다. 일단은 졸업 후 1년간 미국에서 일할 수 있는 OPT(Optional

Practical Training) 비자를 갖고 있지만 우리가 비자 스폰서를 해야 하는 번거로움이 있었다. 이런 점을 감안할 때 멜라니가 외국인을 뽑은 것은 다소 의외였다.

내가 왜 후지에를 뽑았느냐고 물었더니 멜라니는 똑똑하기도 하지만 무엇보다 열심히 일할 것 같다고 말했다. 능력만 있으면 인종이나 국적은 미국 회사에 들어가는 데 큰 문제가 되지 않는 것이다. 섣불리 단정 지을 수 없지만 최소한 내가 이전까지 갖고 있던 미국 회사에 대한 선입견과는 달랐다.

후지에는 멜라니의 기대에 부응해 일을 잘했다. 중국인 특유의 억양이 느껴지는 영어를 구사했지만 업무를 위한 의사소통에는 전혀 문제가 없었고 회계 업무도 금세 배워 능숙하게 처리했다. 멜라니는 후지에를 열심히 가르쳤고 그녀를 좋아했다. 마치 자신의 옛날 모습을 보는 것 같다고 말하기까지 했다. 심지어 팀에 충원해야 할 일이 생겼을 때 후지에가 자신과 비슷한 경력을 가진 중국인 친구를 추천하자 그녀를 뽑았다. 그녀 역시 일을 잘했다. 이렇게 중국인들이 미국 회사에 자리를 잡는구나 싶었다.

이처럼 내가 경험한 미국 회사에서는 일만 잘하면 인종이나 국적은 문제가 되지 않았다. 라이코스의 엔지니어들 중에는 러시아, 인도, 중국 등의 출신도 있었다. 나름대로 맡은 바 역할에 충실한 엔지니어들이었다. 다만 몇몇 외국 출신 엔지니어들은 맡은 일은 잘했지만 커뮤니케이션에는 문제가 있었다. 그들과 대화를 나눠보면 모국어의 억양이 강해 영어를 하는데도 무슨 말인지 알아듣기 어려웠다.

처음에는 내 영어 실력이 떨어져 알아듣지 못한다고 생각했는데 알고 보니 그게 아니었다. 하루는 담당 팀장이 내게 이렇게 말했다. "솔직히 그 친구들이 하는 말을 알아듣기 어려울 때가 많습니다. 자신에게 주어진 일은 확실하게 처리하지만 그들에게 다른 사람을 관리하거나 주도하는 매니저 역할을 맡기기는 어렵겠어요." 다시 말해 정해진 일이나 혼자서 하는 일은 잘하지만 남을 설득하고 이끄는 일은 힘들다는 이야기다.

아시아계 이민자는 미국 회사에서 CEO 자리에 오르는 승진의 사다리가 소위 대나무 천장(Bamboo Ceiling)으로 막혀 있다는 말이 있다. 아직도 상당 부분 존재하는 인종에 대한 차별이 대나무 천장을 만들었을 것이다. 내 경험에 비춰볼 때 대나무 천장이 생기는 데는 인종차별도 있지만 주류 미국인에 비해 아시아계가 커뮤니케이션과 리더십 능력이 상대적으로 부족한 것도 일정 부분 영향을 미친 것 같다. 똑똑하고 성실한 아시아계 사람들은 일을 잘하고 자기 몫을 충분히 해내지만 미국 회사의 경영진까지 올라가겠다는 야망과 노력은 부족해 보였다.

미국 회사는 철저하게 능력주의다. 어떻게 보면 미국 사회 전체가 다른 어떤 나라보다 능력 위주다. 그렇기 때문에 버락 오바마 같은 사람이 48세의 젊은 나이에 대통령이 될 수 있었을 것이다. 한국 회사와는 달리 실력만 있으면 인종, 국적, 학력, 나이 등에 구애받지 않고 뽑아주니 당사자 입장에서는 실력을 갖추고 계속 도전하다 보면 취업의 문이 열린다. 열심히 일하고 능력 있는 한국인은 일단 미국 회사에 들어가면 빨리 자리를 잡는다. 하지만 승진의 사다리를 오르기 위한 커뮤니케이션이나 리더십 능력을 키우는 일에는 소홀한 편이다.

그런 면에서 같은 아시아계이지만 인도 사람들은 매우 적극적이다. 내가 만난 인도계 경영자들은 자신들에게 대나무 천장이란 존재하지 않는다며 자신감 있는 모습을 보였다. 어릴 때 미국으로 이민 온 사람도 아니고 나처럼 모국에서 학부를 졸업하고 온 사람도 그렇게 이야기하는 것을 보고 몹시 놀랐다. 그로부터 몇 년 후 마이크로소프트와 구글 CEO가 모두 인도계로 바뀌었다.

한국인도 리더십과 커뮤니케이션 능력 그리고 자신감을 기른다면 미국 회사에서 CEO 자리에 오를 수 있을 것이다. 중요한 것은 '우리는 어차피 인종차별 때문에 안 될 거야'라는 선입견을 버리는 일이다. 반대로 한국 회사에서도 외국인이라는 이유로 차별하기보다 능력 있는 외국인을 과감하게 리더로 기용해야 글로벌 기업으로 성장할 수 있다. ●

애플 본사가 있는 쿠퍼티노 도서관에서 창밖에 내다봤다. 순간
내가 인도에 있는 것이 아닌가 착각할 정도로 인도계가 많았다.

일상이 된
전사 미팅

● 미국 회사를 경영하는 데 있어서 가장 중요한 의식 중 하나는 전사 미팅이다. 미국 직장에서는 일반적으로 '올 핸즈 미팅(All Hands Meeting)'이란 용어를 사용한다. 모든 직원이 참여하는 미팅이란 뜻이다. 미국 회사에서는 CEO를 비롯한 최고경영진이 정기적으로 전사 미팅을 소집해 직원들과 회사의 경영 상황을 공유한다. 회사의 매각이나 구조조정 등 큰 변화가 있을 때도 신속히 전사 미팅을 소집해 직원들에게 설명해주는 것이 일반적이다.

라이코스에 부임해 처음 '올 핸즈 미팅'이라는 말을 들었을 때는 생소한 나머지 여러 번 다시 물은 기억이 있다. 당시 한 한국인 직원은 내게 이렇게 조언했다. "영어를 잘 하지 못해도 상관없으니 꼭 전사 미팅을 갖고 회사의 현재 상황과 앞으로 나아갈 방향을 설명해주세요. 미국 사람들은 그걸 굉장히 중요하게 생각합니다." 지금은 1000명이 넘는 사람들 앞에서 강연하는 일도 더러 있지만 당시만 해도 나는 일대일 미팅을 선호했고 많은 사람 앞에서 하는 연설에 서툴렀다. 더구나 익숙하지 않은 영어로 말해야 한다고 생각하니 더 크게 긴장됐다.

2009년 초의 미국은 리먼브라더스의 파산 이후 경제가 얼어붙고 실업률이 두 자릿수까지 치솟아 매우 암울한 분위기였다. 나는 추가 구조조정을 두려워하며 회사의 미래를 불안해하는 직원들에게 회사의 상황을 설명해주는 것은 꼭 필요한 일이라고 생각했다. 부임하고 한 달쯤 지나 어느 정도 회사의 상황이 파악되자 첫 번째 전사 미팅을 갖고 60여 명의 직원들에게 회사의 상황에 대해 설명했다. 이후 분기별로 회사의 실적과 나아갈 방향을 알리는 전사 미팅을 꾸준히 해나갔다.

그중에서도 2009년 8월과 10월의 전사 미팅은 결코 잊을 수 없을 것이다. 8월 초에 본사에 들어가 다음커뮤니케이션 이사회 경영진들에게 라이코스의 현황과 앞으로의 계획을 보고했다. 이후 라이코스로 복귀해 곧바로 전사 미팅을 갖고 이사회에 보고

라이코스 간부들을 모아놓고 가진 미팅에서 회사의 상황을 설명
하는 나(위)와 전사미팅에서 직원들의 모습(아래)

한 내용을 직원들에게 그대로 전달했다. 긴 슬라이드를 만들어 회사의 실적, 제품 리뷰, 앞으로 나아갈 방향 등을 아주 자세히 설명했다.

3분기를 마감한 직후에 열린 10월의 전사 미팅에서는 회사가 긴 불황의 터널을 지나 회복의 조짐이 보인다는 희망적인 내용을 전했다. 이때는 유머러스한 슬라이드를 만들어 솔직한 내 생각을 담았다. 각 부문을 담당하는 팀장들에게도 짧게나마 자신이 맡은 부문과 관련한 내용을 직접 발표하도록 했다.

그날 이후 나에 대한 직원들의 신뢰가 더욱 커진 것을 피부로 느낄 수 있었다. 다만 지나고 나서 이런 전사 미팅 시간에 질문을 받지 않은 것을 후회했다. 질의응답에 익숙하지 않기도 했고 불편한 질문이 나올까 봐 걱정되기도 했다. 그런 질문은 나중에 팀별로 미팅할 때 처리하도록 했다.

매 분기에 가졌던 실적 공유 미팅 이외에 자주 마련했던 것이 소위 '트렌드 미팅'이었다. 내가 관심을 갖고 있는 테크놀로지 트렌드나 인상적으로 본 테드(TED) 동영상을 점심시간을 이용해 직원들에게 보여주고 그에 대해 설명했다. 참가 여부는 전적으로 자유였고 식사는 보통 간단히 피자로 해결했다. 미국에서 이런 이벤트를 가질 때 가장 만만한 음식이 피자다. 이 역시 직원들과 유대감을 강화하는 데 큰 도움이 됐다. 사장이 업계의 최신 트렌드에 민감하고 이를 자신들과 공유하려 한다는 점을 직원들은 긍정적으로 받아들였다. CEO가 직원들과 이런 방식으로 커뮤니케이션하는 것이 큰 도움이 된다는 사실을 그때 깨달았다.

실리콘밸리에 가보니 성공한 미국 회사들에게는 공통점이 있었다. 모두 CEO가 직접 주재하는 전사 미팅을 자주 갖는다는 것이다. 구글의 경우 매주 목요일에 TGIF 미팅이라 해서 전사 미팅을 갖고 공동창업자인 래리 페이지나 세르게이 브린이 나서서 경영 현안에 대해 설명한다. 페이스북의 마크 저커버그도 매주 전사 미팅을 갖는다. 전 세계에 지사를 둔 몇천 명에서 몇만 명 규모의 회사들이 된 지금은 이 내용을 인터넷으로 생중계한다.

나는 두 회사가 매주 그런 미팅을 갖는다는 것이 도저히 믿기지 않아 몇 번씩 확인했다. 구글이나 페이스북 같은 거대 기업의 CEO라면 엄청나게 바쁠 텐데 매주 전사 미팅을 갖는다는 것이 의아했다.

넷플릭스, 링크트인, 트위터 등 방문하는 회사마다 물어본 결과 분기별로 혹은 매월 미팅을 갖는다는 점이 다를 뿐 전사 미팅을 갖는 것은 공통적이었다. 그들에게 전사 미팅을 갖는 것은 너무나 당연한 일이었다. 적극적인 전사 미팅을 통해 회사의 상황과 비전을 직원들과 솔직히 공유하고 동기를 부여하는 것이다. 한국 기업도 전사 미팅 문화를 적극적으로 받아들이고 실천할 필요가 있다. ●

식사 대접보다
미식축구 관람권

● 회사에서 이런저런 일에 신경 쓰지 않고 오로지 맡은 일에
만 집중할 수 있는 미국의 비즈니스 문화가 내게는 매우 편하게
느껴졌다. 상사나 거래처의 눈치를 보지 않고 맡은 바 일만 잘해
도 인정받을 수 있는, 한국에 비해 상대적으로 개인적인 접촉이
나 만남이 드문 미국의 비즈니스 문화를 좀 더 상세히 소개하고
자 한다.

업종별로 다를 수 있지만 적어도 내가 일한 미국의 IT 업계에서는 거래처 접대라는 것을 별로 찾아볼 수 없었다. 라이코스의 경우 대부분의 비즈니스 파트너들이 다른 도시에 멀리 떨어져 있어 서로 만날 기회가 많지 않았다.

1년에 한두 번 있는 업계 콘퍼런스에서 직접 만나는 경우가 있기는 하지만 그렇다고 해서 꼭 점심식사나 저녁식사를 같이 하는 것은 아니다. 가볍게 미팅만 하는 경우가 대부분이다. 꼭 한 번 밥을 같이 먹어야 제대로 만났다고 생각하는 우리 문화와는 다르다. 대신 콘퍼런스에 가면 큰 회사들은 별도로 저녁에 칵테일파티를 열어 비즈니스 관계자들에게 음료를 제공하고 자유롭게 네트워킹을 할 수 있도록 한다. 이것도 업계마다 다른데 게임 관련 콘퍼런스에 가면 특히 각 업체가 주최하는 파티가 많이 열린다.

오랫동안 비즈니스 관계를 맺고 있는 경우 정기적으로 상대 회사를 방문하기도 한다. 라이코스는 구글과는 애드센스 광고 계약을, 야후와는 검색 관련 광고 및 신디케이션 계약을 맺고 있었고 두 회사 모두 라이코스의 가장 중요한 비즈니스 파트너였다. 하지만 이 두 회사의 세일즈 담당자들이 1년에 한두 번 우리 회사를 방문할 때도 가볍게 식사를 같이하는 정도로 사실상 접대라고 할 것이 없었다.

돌이켜보니 구글보다는 야후가 우리를 더 신경 써준 것 같다. 보스턴 시내에 초청해 고급 레스토랑에서 저녁식사를 같이한 일이 있고, 서니베일 본사의 파트너 콘퍼런스에 초대받기도 했다. 하지만 항공료와 호텔 숙박비 등 경비는 우리가 부담했다.

이런 분위기이다 보니 거래처 임원들과 골프를 치는 경우도 물론 없었다. 우선 골프를 즐기는 사람이 많지 않다. 가족과 함께 보내야 할 주말에 골프를 같이하자고 할 수도 없는 일이었다. 이런 이유로 나는 다음 본사에서 출장 온 사람들과 친 것 외에는 미국에서 일과 관련해 골프를 쳐본 기억이 거의 없다.

한번은 라이코스 회계감사를 위해 KPMG 회계사들이 방문해 열심히 일하는 모습을 보고는 사장으로서 식사라도 대접해야겠다는 순전히 한국적인 생각으로 재무팀장인 티파니에게 점심식사 약속을 잡아보라고 지시했다. 티파니는 황당한 표정을 지으며 알아보겠다고 가더니 "바빠서 시간을 잡기가 힘들다"는 답변을 갖고 돌아왔다. 티파니는 "당연히 할 일을 하는 것이므로 함께 밥 먹을 필요 없다"고 말하며 대수롭지 않게 여겼다. 나중에 알고 보니 회계감사를 맡은 회계사들이 해당 회사의 대표와 식사를 같이하는 것 자체가 부적절하다는 시각도 있었던 것 같다.

라이코스는 거래처 접대를 거의 하지 않았다. 회사가 승승장구할 때는 미식축구팀인 뉴잉글랜드 패트리어츠 스타디움에 귀

2010년 가을 라이코스를 인수한 와이브랜트와 함께 미국 디지
털 마케팅 업계의 가장 큰 연례 콘퍼런스인 애드테크 뉴욕 콘퍼
런스에 다녀왔다. 당시 우리 부스의 모습

빈석을 예약해놓고 비즈니스 파트너들을 초청하기도 했다고 한다. 하지만 회사의 규모가 줄면서 그런 행사는 모두 없어졌다.

신용도 조사　　　　　　　　　　　　● ● ●

새롭게 거래를 시작할 때는 먼저 상대 회사의 신용도를 조사한다. 보통 오랜 역사를 자랑하는 D&B라는 회사의 신용도 조사를 이용한다. 이것은 상대 회사의 재정 상태가 건전한지, 제때 거래 대금을 지급하지 못한 경우가 있는지 등을 알아보기 위함이다. 연간 일정액을 내면 이 서비스를 이용할 수 있는데 미국 회사들은 이처럼 거래를 시작하기 전 상대 회사의 신용도를 체크하는 것은 필수라고 생각한다. 만약 거래할 회사의 신용도가 일정 등급 이하인 것으로 판명되면 재무부서에서 거래를 못하게끔 막는다.

미국에서는 개인의 신용도가 낮으면 은행 대출이나 자동차 할부 구입 등도 하기 어렵다. 사회생활에 큰 지장이 생기는 것이다. 회사의 신용도 역시 매우 중요하다. 재무팀장은 거래처에 대금 지급이 늦어지거나 심지어는 사무실 임대료, 전기료 등의 납부 기한을 넘기지 않기 위해 신경을 곤두세웠다. 깜빡하고 지불이 늦어지면 회사의 신용등급에 악영향을 미치기 때문이었다.

미국에서는 거래처와 계약을 할 때 Net 30, Net 45 같은 식으로 대금 지급 조건을 표시한다. 이것은 제품이나 서비스를 구매한 뒤 청구서를 받고 30일 이내, 45일 이내에 그 대금을 지급한다는 뜻이다. 어음 거래는 하지 않는다. 라이코스 거래처의 경우 대부분 이 계약 조건을 잘 지켜 상대 회사가 파산한 경우를 제외하고 대금 회수에 어려움을 겪은 경우는 없었다. 라이코스 역시 항상 제때에 대금을 지급했다.

선물 문화 ● ● ●

미국에서는 거래처 간에 선물을 주고받는 일도 거의 없다. 라이코스 시절 세일즈를 담당하는 에드가 크리스마스 때 주요 거래처에 와인 선물을 보내는 것을 허락해달라고 한 일을 제외하고는 특별히 어디에 선물을 보낸 기억이 없다. 방문객에게 티셔츠나 볼펜, 머그컵 등 회사 로고가 들어간 값싼 기념품을 주는 것이 전부였다. 미국의 IT 업계는 특히 회사 티셔츠를 기념품으로 많이 준다. 이런 회사 기념품을 영어로 '스웨그(Swag)'라고 한다. 그나마 내가 부임하고 구조조정에 들어간 라이코스는 회사 기념품을 한 번도 만든 일이 없다.

마찬가지로 내가 선물을 받은 기억도 없다. 주요 파트너인 야후로부터 연말에 컵, 펜 같은 회사 기념품 세트를 우송받은 것 정도가 유일하게 기억나는 선물이다. 가족, 친지간에는 반드시 크리스마스 선물을 주고받으면서 거래처들은 그렇지 않은 것이 신선하게 느껴졌다.

마찬가지로 거래처의 지인이 승진했다고 해서 꽃이나 난을 보내거나 선물을 보내는 경우도 없다. 우연히 링크트인에서 지인의 승진 소식을 접하면 축하한다고 댓글을 다는 정도다. 거래처 지인의 경조사도 거의 챙기지 않는다. 경조사가 있어도 서로 알리지 않으니 챙길 방법도 없다.

관공서와의 관계　　　　●●●

미국 회사에서는 정부나 관공서의 존재감도 상대적으로 낮다. 라이코스의 CEO로 일하는 3년 동안 단 한 번도 시나 주정부 관계자와 접촉한 일도, 정부 주최 행사에 참석을 요청받은 일도, 참석한 일도 없다. 기본적으로 특별한 일이 없으면 그쪽에서 연락해오지 않고 회사 직원들도 정부에서 도움을 받을 일이 없다고 생각한다. 내가 외국인이고 정부기관에 인맥이 없는 것도 일정 부분 영향을 미쳤을 것이다. 라이코스가 작은 회사라는 것도 무시할 수 없는 변수다. 하지만 미국에서 민간 회사는 특별한 일이 아니면 정부를 신경 쓰지 않고 대체로 자기 할 일만 하는 분위기다.

법대로, 원리원칙대로 ● ● ● ●

미국 직장인은 준법정신이 투철하다. 대충 넘어가도 될 것 같은 일을 "이렇게 하면 법 규정에 어긋나 위법의 소지가 있다"며 몸을 사린다. 비즈니스와 관련한 의사결정을 할 때 법적으로 문제의 소지가 있을 것 같으면 항상 사내 변호사에게 자문을 구했다. 그는 그 사안이 법적으로 위험성이 있는지 여부를 판단해 의견을 제시했다. 특히 회계 처리나 인사 관련 문제에서 이런 일이 많았다. 한편으로는 융통성이 없는 것처럼 느껴질 때도 있었다. 한국에서는 문제되지 않는 사안을 변호사와 회계사에게 물어보고 늑장 부리는 모습을 본사에서는 답답해했다.

가만 보니 이것은 미국인의 투철한 준법정신 때문이 아니라 나중에 문제가 되면 개인적으로 처벌받을 수 있다는 두려움 때문인 것 같았다. 감사를 통해서든 내부 고발자에 의해서든 편법이 드러날 경우 법에 따라 일벌백계가 되고 해고로 이어질 수 있다. 특히 회계와 관련해서는 엔론 사태 이후 관련 규정이 대폭 강화된 것이 큰 영향이 있는 듯싶었다. 민감한 사안이 있을 때마다 농담 비슷하게 직원들이 "나는 감옥에 가고 싶지 않아요"라고 말하는 것이 예사롭게 들리지 않았다.

이와 같은 미국의 비즈니스 문화를 건조하다고 느낀 것은 내가 아는 사람이 전혀 없는 보스턴의 미국 회사에 혼자 가서 일했기 때문일 수도 있다. 한국 회사와 비교해보면 상대적으로 일 중심이고 정서가 메마른 것도 사실이다. 일단 영어에는 존댓말이 없고 선후배라는 말 자체가 없는 영향도 크다. 같은 대학 출신들끼리도 챙겨주기는커녕 서로 소 닭 보듯 하는 경우도 봤다. 하지만 거래처 접대라든지 경조사, 관공서 대응 등에 시간을 빼앗기지 않으니 비즈니스에만 온전히 집중할 수 있다는 장점이 있었다. 의사결정을 하는 데 있어서도 비즈니스 외적인 것을 고려하지 않아도 됐다.

건조하긴 하지만 그만큼 일에만 집중할 수 있고 남는 시간을 가족에게 쏟을 수 있었다는 점에서 나는 미국의 비즈니스 문화를 긍정적이라고 생각한다. 외국인 CEO 입장에서는 참 감사한 일이기도 했다. ●

출장 예약과 빨간 눈 비행

사회 초년병 시절 미국 출장을 자주 다니는 사람을 부러워한 적이 있다. 막연히 비행기를 타고 다니면서 비즈니스를 하는 것이 멋지다고 생각한 것이다. 하지만 미국 회사에 다니며 직접 출장을 다녀보니 멋지기만 한 일은 아니었다. 오히려 고달팠다. 미국에는 워낙 잦은 출장 때문에 건강을 해치기도 하고 가정생활에 문제가 생긴다는 이유로 가급적 출장을 갈 일이 없는 직장을 선호하는 사람들이 많다.

국토가 좁은 한국에서는 국내 출장을 다니는 일이 크게 부담

될 게 없었다. 멀리 가는 출장이라 해봐야 부산이나 제주도 정도 인데 비행기로 한 시간이면 족하기 때문에 사실 당일치기 출장도 가능하다. 공항까지 가는 교통편도 많기 때문에 큰 부담이 없다. 웬만한 기업에서는 보통 출장 일정이나 예약은 총무부서 담당 직원이나 거래하는 여행사에서 해준다. 내 경우도 그랬다.

하지만 국토가 넓은 미국에서는 국내 출장을 가는 것도 만만치 않았다. 해외 출장을 가는 것과 마찬가지로 힘들었다. 보스턴에 살 때는 캘리포니아 출장보다 런던 출장이 더 편하게 느껴졌고 샌프란시스코에 있을 때는 서울 출장이 뉴욕 출장보다 더 편하게 느껴졌다. 심지어는 서울행 항공권 가격(800달러)이 뉴욕행 항공권 가격(1000달러)보다 더 저렴할 때도 있었다.

미국에서 출장을 다녀본 내 경험을 소개한다.

CEO도 직접 예약   ● ● ●

라이코스에 부임하고 처음 얼마간 나는 출장 일정은 비서가 알아서 처리해줄 것으로 기대했다. 그런데 전담 비서도 없었고 사무실 관리를 겸하는 리셉셔니스트에게 부탁해야 하는데 그보다는 대체로 직접 예약한다는 것을 알게 됐다. 세일즈 담당인 에드에게 "출장 예약을 누가 대신해주는 것이 아니냐"고 물었더니

어깨를 으쓱하면서 "여기서는 그냥 익스피디아(Expedia.com)에 들어가서 각자 예약한다"고 답했다. 임원들도 직접 한다는 것이다.

CEO인 나도 누군가에게 부탁하지 않고 직접 인터넷 여행 사이트에 들어가 항공권을 구매했다. 출장 행선지에 따라 가격이 천차만별인 항공권과 수백 개의 호텔 중에서 교통 등 모든 것이 편리한 곳을 선별해 예약하는 것은 쉽지 않은 일이었다.

일단 경우의 수가 너무 많았다. 미국 국내 항공사만 해도 10여 개에 이르고 호텔 체인도 다양했다. 출장지 미팅 예정 장소에 맞춰 동선을 최소화할 수 있도록 호텔을 잡는 것도 쉽지 않았다. 이런 이유로 출장 예약을 비서나 다른 사람에게 부탁하기가 어려웠다.

카약닷컴(Kayak.com)에서 항공권 가격을 비교해보고 트립어드바이저(Tripadvisor.com)에서 호텔 평판을 체크한 다음 익스피디아나 호텔스닷컴(Hotels.com) 같은 여행 사이트에서 항공권과 호텔을 예약하는 것이 미국 비즈니스맨이 출장 일정을 잡는 일반적인 방법이다.

공항까지 가는 유일한 수단 ● ● ●

출장 당일이 되면 공항에 가는 것도 쉬운 일이 아니다. 보통 동부에서 서부로 가는 것과 같은 장거리 출장은 시간 절약을 위해 이른 아침에 출발하는 비행기를 타는 경우가 많다. 이 때문에 새벽 4시나 5시에 일어나 짐을 꾸려 나가야 한다.

미국은 뉴욕 같은 대도시를 제외하면 대부분 공항으로 가는 대중교통이 미비하다. 보스턴 교외에 살 때는 출장을 위해 공항에 갈 때 택시나 리무진 버스를 이용했는데 약 20킬로미터, 40분 거리를 가는 데 팁을 포함해 편도에 100달러를 내야 했다. 물론 보스턴 시내에서는 지하철과 버스로 공항에 갈 수 있다. 내가 라이코스에서 일할 때는 지금처럼 우버가 대중화되지 않아 택시나 리무진 서비스를 이용할 수밖에 없었는데 매번 예약하는 것도 귀찮은 일이었다.

사장이 출장 간다고 직원에게 공항까지 태워다 달라거나 마중 나와달라고 하는 것은 상상할 수도 없었다. 서울의 다음 본사에서 누가 출장 왔을 때도 내가 직접 마중을 나갔지 직원에게 픽업을 부탁한 일이 없다.

경우에 따라 차를 공항으로 가져가 장기 주차장에 세워놓기도 했는데 붐비는 공항일수록 주차료도 비싸 며칠만 세워놓아도 10만 원에 가까운 요금이 나왔다. 주차료가 상대적으로 저렴한 공항 외부의 장기 주차장도 이용해봤는데 이 경우에는 차를 주차하고 셔틀버스를 타고 공항으로 들어가야 했다.

미국의 국내 항공편은 보통 티켓팅도 기계를 통해 직접 해야 한다. ID를 주면 알아서 발권해주는 항공사 직원 따위는 존재하지 않는다. 짐은 가능하면 부치지 않고 기내에 가지고 들어간다. 보통은 노트북을 넣는 손가방이나 배낭과 함께 기내에 반입 가능한 바퀴가 달린 여행 가방을 가지고 간다. 제트블루나 사우스웨스트 같은 항공사를 제외하고는 짐을 부치는 데도 별도로 가방 하나당 20~25달러의 요금을 내야 하기 때문이다. 프론티어항공은 기내 화장실을 이용하는 데도 돈을 받겠다고 했다가 여론의 집중 포화를 맞고 철회한 일이 있다.

긴 줄이 늘어선 보안 검색대를 지나는 것도 고역이다. 노트북을 일일이 꺼내야 하고 신발을 벗고 양말만 신은 채로 금속 탐지기를 지나야 한다. 갈아 신을 슬리퍼를 제공하는 한국 공항은 고객에 대한 배려심이 아주 깊다고 봐야 한다. 역시 피곤하고 통명스러운 얼굴의 공항 검색요원과 마주해야 하고 재수 없으면 몸을 더듬는 검사까지 받아야 한다. 미국 국내선 항공사 라운지는 거의 이용한 적이 없다. 한두 번 들어가 본 일이 있는데 정말 별것이 없었다. 스낵과 음료가 조금 있는 정도이며 사람이 많아 쾌적하지도 않았다.

새벽에 일찍 가면 공항에 사람이 없을 거라고 생각하면 오산

새벽녘 공항 게이트 앞에서 쪽잠을 자고 있는 여행객들(위).
LA 공항에서 렌터카 회사의 셔틀버스를 기다리는 모습(아래)

이다. 미국 공항은 새벽 5시에 가도 놀랄 정도로 사람이 많다. 자정에도 마찬가지이며 미국 공항을 24시간 바쁘게 돌아간다. 모두들 이처럼 바쁘고 부지런하게 산다는 것이 놀라울 뿐이다.

기내식이 없는 국내선 ● ● ● ●

장거리 비행의 경우 샐러드나 샌드위치라도 사서 탑승해야 한다. 점심이나 저녁 시간을 포함해 비행 시간이 7시간이 넘어도 미국 국내선은 식사를 제공하지 않는다. 돈을 내고 식사를 살 수 있지만 메뉴는 차가운 샌드위치나 스낵, 땅콩인 경우가 대부분이다. 한국 항공사에서 친절한 승무원들의 서비스를 받다가 사무적이고 딱딱한 미국 항공사 승무원을 마주하면 처음에는 적응하기 힘들다. 사우스웨스트나 제트블루는 예외다. 이 항공사들의 승무원은 아주 명랑하다. 불결하고 좁은 좌석에 짐짝처럼 실려 가는 것도 괴로운데 배까지 고프면 최악이다. 뭔가 먹을 것을 준비할 필요가 있다.

목적지 공항에 내리면 서둘러 렌터카를 빌려야 한다. 뉴욕 같은 일부 도시를 제외하고 보통 미국에서는 어디를 가나 차가 없으면 꼼짝할 수가 없기 때문이다. 렌터카 회사의 셔틀버스를 타고 렌터카 사무실에 가면 또 긴 줄이 늘어서 있는 경우가 많다.

역시 인내심을 갖고 기다렸다가 예약해둔 렌터카를 타고 직접 운전해 예약해둔 호텔을 찾아가야 한다. 지금은 우버 덕분에 렌터카가 필요 없게 됐지만 말이다.

빨간 눈 비행 ● ● ●

미국 서부에서 동부로 출장 가는 경우 3시간의 시차가 있다. 피곤한 몸을 이끌고 아침에 3시간 일찍 일어나 미팅 장소로 가는 것도 힘든 일이다. 서부에서 동부로 갈 때 밤 10시에서 새벽 1시 사이에 출발하는 비행기를 타면 3~5시간을 비행하고 2~3시간의 시차를 더해 아침 일찍 도착한다. 비행기에서 새우잠을 자는 대신 도착하자마자 바로 일정을 시작하니 하루를 절약할 수 있다.

이런 노선을 '빨간 눈 항공편(Red Eye Flights)'이라 부른다. 피로로 인해 눈에 핏발이 서서 빨갛게 되기 때문이다. 나도 캘리포니아에서 뉴욕으로 출장 갈 때 이 노선을 이용한 적이 있다. 비행기에 탑승해 자리를 잡고 나면 모두 담요를 뒤집어쓰고 취침모드로 돌입한다. 시간과 돈을 절약하기 위해 시도해봤는데 몸이 상하는 느낌이었다.

이것이 미국 비즈니스맨의 일반적인 출장 패턴이다. 경우에 따라 상상을 초월할 만큼 출장을 많이 다니는 직업이 있다. 영화 〈인 디 에어(Up in The Air)〉에 나오는 조지 클루니처럼 말이다. 미국 전역을 돌아다니는 트럭 운전사들도 마찬가지다. 전형적인 '로드 워리어'라고 할 수 있다.

회사의 임원이라 해도 더 좋은 좌석에 앉고 더 좋은 호텔에 묵는 정도지 별 차이가 없다. 미국 국내 항공편의 일등석이나 비즈니스석의 경우에도 한국 국적기처럼 훌륭한 서비스를 기대하기 어렵다. 더 넓은 좌석을 제공할 뿐이다. 이런 이유로 미국의 진짜 부자들은 개인 전용기를 선호하는 듯하다. 라이코스는 당시 비용 절약을 위해 나를 포함한 임원들도 모두 이코노미석을 타는 것을 원칙으로 했다. 그 때문에 출장이 더 고달팠는지도 모르겠다. ●

오버커뮤니케이션

● 2012년 2월 갑작스럽게 라이코스 CEO 자리에서 물러난 뒤 전 직원에게 굿바이 이메일을 보냈다. 전사 미팅을 갖고 작별을 고할 수 없었기 때문이다. 그래도 작별 인사는 하고 싶어 인사팀장에게 부탁해 간접적으로 전 직원에게 굿바이 이메일을 보냈다. 몇몇 직원들이 내가 떠나는 것을 아쉬워하는 답메일을 보내왔다. 나는 그들에게 시간이 되면 밥이라도 같이 먹자고 말했는데 그중 몇몇과 식사할 기회가 있었다. 당시는 CEO에서 물러나 쉬고 있던 때라 어떤 이해관계도 없는 만남이었다.

그때 함께한 사람들 중에는 라이코스에서 10여 년간 일한 나이 지긋한 중국계 엔지니어도 있었는데 그는 여러 가지 이야기를 솔직하게 들려줬다. 그는 회사가 부침을 거듭하면서 수많은 CEO들을 겪었다고 했다. 그러면서 일반 직원들이 어떤 이야기를 하고 무슨 생각을 하는지 말해줬는데 내가 전혀 알지 못한 일도 있었다. 그를 통해 내가 참 무심하고 소홀했음을 반성했다.

나에 대한 그의 피드백은 대체로 긍정적이었다. 무엇보다 회사가 어려울 때 앞장서서 직원들과 소통했다는 점을 높이 샀다. 나는 취임 첫해에 전사 미팅을 통해 어려운 회사 상황을 가감 없이 전달하면서 한편으로 희망이 있다고 생각되는 부분에 대해서도 프레젠테이션을 했다. 그렇다고 거창한 전략을 이야기한 것은 아니고 있는 그대로 내가 회사에서 받은 느낌과 앞으로의 가능성을 긍정적으로 전달했는데 거기서 직원들이 매우 좋은 인상을 받았다고 했다.

나는 또한 직원들과 자주 트렌드 미팅을 가지면서 스마트폰, 태블릿, 전자책리더기 등의 등장으로 세상이 엄청나게 빨리 변하고 있다는 사실을 역설했다. 직원들이 그런 시간을 즐거워했으며 역시 반응이 좋았다고 했다. 이것도 거창한 행사가 아니고 가끔 시간 날 때 점심을 먹으며 최신 기술 동향에 관한 동영상을 같이 보는 정도였다. 영어에 자신이 없었던지라 내가 직접 강연하기보다 테드처럼 공부가 되거나 흥미로운 동영상을 소개하면서 내 생각을 나눴을 뿐이다. 트위터와 블로깅을 자주 하다 보니 평소에 직원들에게 이야기하고 공유할 거리가 꽤 있었다. 나중에 만난 한 엔지니어는 내가 떠나고 나서 이런 문화가 없어졌다며 아쉬워했다.

여기서 나는 한 가지 교훈을 얻었다. 내가 대수롭지 않게 반복했던 회사 상황의 공유와 정보 나눔을 직원들은 의외로 중요한 것으로 받아들였다. 그리고 그것이 나에 대한 좋은 인상과 믿음을 심어줬다. 이 일을 계기로 나는 오버커뮤니케이션(over-communication)의 중요성을 깨달았다. 가능하면 별것 아닌 작은 이벤트라도 열어 직원들과의 소통 채널을 만들어야 한다.

아쉬운 점은 라이코스가 인도 회사에 매각된 뒤 1년간 수많은 내외부의 어려움 때문에 직원들과 이런 솔직한 소통을 계속하지 못했다는 것이다. 인도 본사는 물론 이스라엘 경영진과의 갈등 문제를 직원들과 그대로 공유할 수 없었다. 나는 이 부분에 대해 늘 죄책감을 느꼈고 그런 나의 갈등을 눈치 빠른 직원들이 알아챘던 것 같다. 중국계 엔지니어는 내게 지금 회사가 돌아가는 상황이나 방향에 대해 경영진이 자세히 설명해주지 않는다면 중간관리자 이하 직원들이 제멋대로 추측하고 그 결과 회사의 앞날을 점점 불안하게 생각하고 걱정하게 된다고 말해주기도 했다.

이런 경험을 통해 나는 사내 커뮤니케이션은 지나칠 정도로

테드에 올라온 사이먼 사이넥의 〈나는 왜 이 일을 하는가〉[2]라는
제목의 강연을 보고 감명을 받아 직원들에게 소개했는데 반응이
좋았다(위). 그 영상을 보고 있는 직원들(아래)

많이 해야 한다는 점을 깨달았다. 이와 관련해 교훈이 될 만한 명언을 소개한다. ●

변화의 시기에는 지나칠 정도로 소통하라. 당신이 메시지를 반복하는 데 지쳐갈 즈음 사람들에게 그 메시지가 들리기 시작할 것이다.
In times of change, over-communicate. When you're getting tired of repeating a message, people are just beginning to hear it.[3]

— 질 게이슬러, 『행복하게 일하기(Work Happy)』

더 이상 말하기 싫을 정도가 됐을 때에야 팀원들은 진정 제대로 당신의 메시지를 이해할 것이다.
Your team will only truly understand your message exactly when you are sick and tired of saying it.[4]

— 로버트 시헬(Robert Siegel), 벤처캐피털리스트

2장

society

오늘도
많이 배웠습니다

주 5일 가족과
저녁 먹는 사람들

● 미국 NBC의 간판 뉴스 프로그램인 〈나이틀리 뉴스(Nightly News)〉를 보다가 흥미로운 설문 결과를 접했다. 소셜미디어가 미국인의 삶에 어떤 영향을 미치는지를 알아보기 위한 조사였는데 결론은 "소셜미디어가 사람들의 대면접촉 횟수를 줄이거나 하지 않았다"는 것이다. 소셜미디어가 인간관계에 악영향을 미칠 것이라는 통념과는 다른 결과가 나온 것이다.

무엇보다 흥미로운 것은 일주일에 최소 다섯 번은 가족과 함께 저녁식사를 한다고 답한 응답자의 비율이 15년 전과 비교해 거의 차이가 없었다는 점이다. 당연한 이야기겠지만 자녀가 있는 가정의 경우 집에서 저녁식사를 한다고 답한 비율이 더 높았다.

이 뉴스를 보고 처음에는 "정말 그럴까?" 하고 의심했다. 그런데 내가 보스턴에서 회사를 다닐 때를 돌아보니 그럴 만하다는 생각이 들었다. 내 경험에 비춰보면 이런 결과가 나오는 이유는 세 가지다.

첫째, 보통 미국 직장에는 야근하는 문화가 없다. 오후 5~6시쯤이면 대부분 퇴근하며 교통체증을 피해 일찍 출근하는 사람들도 많다. 점심도 자기 자리에 앉아 샌드위치로 때울 정도로 업무에 집중하며 정시 퇴근한다. 사무실에 남아 있는 사람이 없으니 혼자 남아 일하기도 힘들다.

둘째, 특별한 경우가 아니면 저녁 약속을 잡지 않는다. 업무 관련 식사 약속은 대부분 점심시간으로 잡는다. 특별한 경우가 아니면 저녁에 만나자고 하는 것은 실례다. 부득이하게 저녁식사를 청해야 할 경우에는 "가족들에게 미안하지만" 아니면 "패밀리타임을 빼앗아도 배우자가 괜찮다고 하겠느냐"고 꼭 묻는다.

셋째, 회사와 집 사이에 유흥시설이 없다. 뉴욕이나 샌프란시스코 같은 대도시 시내에서 직장생활을 하는 경우는 다르겠지만 미국의 교외에는 별로 갈 만한 곳이 없다. 근사한 술집이나 맛집도 없다. 대부분 자동차를 몰고 출퇴근하기 때문에 누구랑 같이 어디에 들러 한잔 걸치는 것도 쉽지 않다.

보스턴 교외의 월섬에 위치한 라이코스는 근처에 변변한 맥줏집도 없고 음식점도 없었다. 차를 몰고 15~20분쯤 가야 그나마 괜찮은 곳이 나왔다. 보스턴에 아는 사람이 많지 않은 나는 어쩔 수 없이(?) 항상 퇴근해 집에서 가족과 함께 저녁을 먹었다. 가족 외에는 같이 저녁 먹을 사람이 없었기 때문이다.

돌이켜보면 그때는 업무 시간에 외부에서 찾아오는 사람도 없고 외부 미팅을 나갈 일도 별로 없어서 일에만 집중할 수 있었다. 퇴근한 뒤에는 심심하긴 했지만 뉴스도 보고 책도 읽고 운동도 하고 가족들과 시간을 보내면서 많은 것을 할 수 있었다. 내가 트위터를 하고 블로그를 쓰게 된 것은 그때 시간적인 여유가 있었기 때문이다.

물론 미국인들도 필요하면 집에서도 일한다. 이메일에 밤늦게 답장하는 팀장들도 많았다. 독신이며 데드라인이 있는 업무를 맡고 있는 재무팀장은 곧잘 밤늦게까지 남아 일하곤 했다. 그렇다고 팀원들에게 야근을 강요하지는 않았다. 나중에 물어보니 재무팀장의 경우 일부러 인터넷 회선을 연결하지 않아 집에서는 일을 하고 싶어도 하지 못한다고 했다.

이런 이유 때문인지 지상파 채널에서 하는 NBC의 〈나이틀리 뉴스〉, CBS의 〈이브닝 뉴스(Evening News)〉, ABC의 〈월드 뉴스(World News)〉 등은 모두 동부 시간으로 저녁 6시 30분에 시작된다. 한국의 주요 뉴스가 밤 8시나 9시에 하는 것과는 대조적이다. 미국의 경우에는 그 시간에 가족 구성원이 모두 귀가해 있다고 가정하고 방송하는 것이다. 심지어 버락 오바마 대통령도 일주일에 다섯 번은 가족과 함께 저녁식사를 하기 위해 노력한다고 했다. 2014년 3월에 한국의 뉴스 큐레이션 서비스인《뉴스페퍼민트(Newspeppermint.com)》는 "오바마 대통령도 가족들과 저녁을 먹는데 당신은 왜 어렵습니까?"라는 제목의 글을 실었다. 거기에는 이런 대목이 있다.[5]

> 사람들은 오바마가 6시 반을 가족과의 저녁식사 시간으로 정해놓고 이 규칙을 엄격히 지킨다는 사실에 매우 놀랐습니다. 대통령으로서 공무가 바쁘니 일주일에 두 번까지는 놓칠 수 있지만 그 이상은 절대 안 된다는 것이 오바마 대통령의 원칙입니다. 물론 식사 후에는 다시 일을 하겠지만요.

지금 생각해보면 미국인들이 이런 '저녁이 있는 삶' 라이프 스타일을 고수하는 것이 가족과 지역 공동체를 유지하고 잉여에서 나오는 창의력을 유지하는 원천이 아닐까 싶다. 금요일의 안식일 저녁은 반드시 온 가족이 함께 보내는 유대인들도 마찬가지다. 동일한 설문조사를 한국에서 실시한다면 한국인들은 과연 일주일에 몇 번이나 가족과 함께 식사한다고 답할까. ●

동부와 서부의 차이

서부의 캘리포니아 주에 위치한 UC버클리에서 2년간 유학을 했고 실리콘밸리에 자주 출장을 갔던 탓에 나는 서부와 동부의 문화적 차이를 실감하지 못했다. 실리콘밸리와 LA가 있는 캘리포니아의 경우 따뜻한 날씨의 영향인지 사람들도 비교적 친절하고 느긋하며 개방적이다. 이 지역 사람들은 직장에서 양복을 입는 경우는 거의 없으며 대부분 캐주얼한 셔츠 차림이다. 동부의 보스턴에 위치한 라이코스도 캘리포니아와 크게 다르지 않았으며 인터넷 기업이라 복장은 매우 자유로웠다.

내가 동부와 서부가 다르다고 느낀 결정적 계기가 있었다. 실리콘밸리에서 알고 지내던 벤처캐피털리스트가 보스턴에서 열리는 벤처기업가의 모임에 나를 초대했다. 내가 보스턴의 라이코스로 옮겨갔다고 하자 그가 자기 회사의 보스턴 사무실에서 열리는 행사에 초대한 것이다. 나는 별다른 생각 없이 캐주얼한 복장으로 보스턴 시내 번화가인 백베이 지역의 하버드 클럽에서 열린 행사에 갔다.

행사장에 들어서자마자 나는 깜짝 놀랐다. 나를 제외한 거의 모든 사람이 짙은 색 양복에 넥타이를 매고 있는 것이 아닌가. 캘리포니아와 같은 서부에서 열리는 벤처캐피털리스트 모임에 가보면 모두 캐주얼한 차림이었는데, 같은 벤처캐피털리스트 모임이라도 동부의 분위기는 전혀 달랐다. 마치 뉴욕 월가의 금융회사에 온 것 같았다고 할까. 나는 그날 하루 종일 격식에 맞지 않은 옷을 입고 있다는 점 때문에 안절부절못했다. 나중에 보니 나처럼 자유로운 복장을 한 사람도 조금 있었는데 그들은 모두 벤처기업가들이었다.

한번은 동부 사람으로부터 모욕적인 언사를 들은 적도 있었다. 라이코스의 전직 임원이 CEO로 있는 회사에 방문했다. 라이코스와 제휴할 부분이 있지 않을까 해서 논의하러 간 것이었다. 그런데 중년의 백인 CEO는 나와 함께 간 라이코스 부사장 에드의 이야기를 듣다 갑자기 일어나 내 어깨를 툭툭 치면서 "바

샌프란시스코 시내의 모습. 샌프란시스코의 상징인 코이트 타워
와 트랜스아메리카 피라미드 빌딩의 모습도 보인다(위). 보스턴
의 상징인 푸르덴셜 빌딩과 크리스천 사이언스 제일교회가 보
이는 광장의 모습(아래)

이바이"라고 말하고 방을 나가버렸다.

　매우 황당해하는 내게 에드는 "우리와 협업할 만한 것이 없다고 생각해 자리를 박차고 나가버린 것"이라며 "원래 예의가 없는 사람이다"라고 말하며 내게 미안해했다. 서부에서는 그처럼 무례하게 행동하는 사람을 본 일이 없었던 나는 '동부에는 저런 사람도 있구나'라고 생각하고 넘겼다. 그런 모욕적인 일은 그때가 처음이자 마지막이었다.

　동부의 전통적인 항구 도시인 보스턴에서 3년, 서부의 샌프란시스코에서 3년 가까이 살면서 내가 느낀 두 지역의 차이를 몇 가지 적어본다.

토박이들이 사는 동네, 이방인들이 사는 동네　●●●

　보스턴은 뉴잉글랜드 지역 토박이들이 많이 산다. 뉴잉글랜드 지역은 매사추세츠, 메인, 버몬트, 뉴햄프셔, 로드아일랜드, 커넥티컷 주를 말한다. 역사와 전통을 자랑하는 유서 깊은 고장인 만큼 이 지역 사람들은 자존감이 남다르다. 라이코스 직원의 대부분은 백인이며 대를 이어 뉴잉글랜드에 살아온 사람들이다. 동부 사람들은 다른 지역에서 살아보겠다는 모험심(?)이 전무하다. 당연히 보수적인 편이며, 스타트업에서 대박을 노리기보다는 안정적인 대기업을 선호한다. 보스턴 레드삭스, 보스턴 셀틱스, 뉴잉글랜드 패트리어츠 등 지역 스포츠팀에 열광하기도 한다.

반면 샌프란시스코는 캘리포니아 토박이보다는 전 세계 곳곳에서 온 이방인들이 주류를 이룬다. 캘리포니아 토박이들도 1840년대 골드러시 당시 일확천금을 꿈꾼 사람들의 후예다. 대부분의 회사에서 백인 비율은 그리 높지 않고 인도, 중국 등 아시아계의 비율이 높다. 백인들도 유럽 등 세계 각국에서 온 외국인들이 많다. 이 지역 사람들은 전통보다는 자유를 중시하고 모험정신이 강하며 스타트업에서 대박을 꿈꾸는 사람들이 많다.

내가 살던 쿠퍼티노 지역은 인도 이민자가 많이 살고 백인은 찾아보기 힘들 정도였다. 이 지역 사람들도 샌프란시스코 자이언츠 등 지역 스포츠팀에 열광하긴 하지만 보스턴 사람들에 비하면 열광의 정도는 떨어진다. 이방인이 주류를 이루기 때문인 듯하다. 보스턴 사람들은 캘리포니아를 마치 다른 나라처럼 여긴다. 비행기로 6시간이 넘게 걸리는 곳이니 그럴 만도 하다. 평생 캘리포니아에 한 번도 가보지 못한 사람들도 제법 있다. 오히려 정서적으로 보스턴과 비슷한 유럽을 더 가깝게 느끼는 사람들도 있다. 보스턴에서 런던까지도 비행기로 6시간 40분 정도 걸린다.

캘리포니아에서 살다가 보스턴으로 와서 라이코스에 취직한 호기심 많은 젊은 여성 디자이너가 있었다. 그녀는 입사 후 1년 만에 캘리포니아로 돌아간다며 회사를 그만뒀는데, 인사팀장 존이 사내 미팅에서 그녀가 '캘리포니아공화국(Republic of California)'로 돌아간다고 말해 웃음을 자아내기도 했다.

중앙 소식에 민감한 동부, 정부 규제에 둔감한 서부 ● ● ●

보스턴에서 아시아는 너무도 먼 곳이다. 2015년 처음 생긴 일본 직항편 외에는 보스턴에서 아시아로 바로 가는 비행기도 없다. 때문에 보스턴 사람들 중에는 평생 아시아에 한 번도 가보지 못한 사람들이 대부분이다.

보스턴 사람들은 뉴욕이나 워싱턴DC와 같은 시간대에 위치해 중앙 정부에서 나오는 정치, 경제 뉴스에 민감하다. 반면 캘리포니아 사람들은 중앙 정부에서 나오는 정치, 경제 뉴스에 상대적으로 둔감하다. 거리상의 차이와 3시간이라는 시차 때문에 중앙 정부의 존재감이 상대적으로 약하다. 그런 만큼 정부 규제나 전통적인 산업 질서에 반하는 기발하고 창의적인 아이디어가 더 많이 나온다. 다만 샌프란시스코 사람들은 주요 관심사가 IT 이야기에 집중되어 있다 보니 아이디어의 다양성이 떨어진다는 느낌이 든다.

나중에 보니 앞서 소개한 나를 초대해준 벤처캐피털리스트의 회사 실리콘밸리 사무소가 없어졌다. 그에게 어떻게 된 일이냐고 물었더니 실리콘밸리 사무소의 벤처캐피털리스트들과 보스턴 본사의 벤처캐피털리스트들이 서로 싸우다가 실리콘밸리 벤처캐피털리스트들이 따로 떨어져 나갔다는 것이다. 같은 미국인이라 해도 문화적 차이로 인한 동부 사람들과 서부 사람들의 갈등이 제법 있는 것 같다. ●

이스라엘 사람들과 일하기

● 2010년 라이코스는 긴 매각 협상 끝에 인도의 한 인터넷 광고 회사에 매각됐다. 매각 조건 중 하나는 경영 안정화를 위해 내가 최소한 1년간 라이코스에 CEO로 남는 것이었다. 한국 회사가 아닌 인도 회사를 모회사로 일한다는 것은 내게 새로운 도전이었지만 많은 것을 배울 수 있는 기회라고 생각해 나는 1년 더 라이코스에 남기로 했다.

이후 나는 인도인들과 일하게 될 줄 알았는데 예상외로 이스라엘 사람들과 손발을 맞추게 됐다. 인도 회사의 자회사인 이스라엘 회사가 글로벌 비즈니스 운영을 전담했기 때문이다. 덕분에 나는 2년간의 미국 회사 경영에 이어 이스라엘 즉, 유대인의 문화를 체험할 수 있는 기회를 얻게 됐다.

유대인과 이스라엘이란 나라를 접하게 된 것은 일본, 미국에 이은 내 인생에 있어 가장 큰 문화적 충격과 배움의 과정 중 하나였다. 이 경험을 통해 글로벌 비즈니스를 성공시키기 위해서는 나라와 민족에 따라 상대의 문화를 이해하는 것이 매우 중요하다는 사실을 다시 한 번 깨달았다.

이스라엘 회사와 함께 일하면서 느낀 첫 번째 문화적 충격은 한국, 일본, 미국, 유럽 등과는 전혀 다르게 돌아가는 유대인의 일하는 요일, 명절, 식습관 등의 전통과 관습이었다. 이제까지 서구 중심의 세계관에 익숙해 있던 내게는 신선한 충격으로 다가왔다.

우선 그들의 일주일은 일요일부터 시작한다. 유대인의 안식일은 금요일 일몰부터 시작하기 때문에 기독교의 주일보다 하루 이상 빠르다. 안식일이 찾아오면 독실한 유대교 신자인 이스라엘 사람들은 모든 전자제품을 끄고 24시간 동안 완전한 휴식의 시간을 갖는다. 심지어 대중교통 수단도 모두 운행이 중단되는 등 이스라엘이라는 나라 전체가 정지된다. 때문에 아무리 급한 이메일도 이스라엘에 보내면 금요일 오후부터 24시간 동안 무반응이 된다. 그리고 일요일부터 다시 연락이 온다. 물론 상대가 독실한 유대교 신자라면 말이다.

이스라엘 사람들은 유대 명절만 지킨다. 9월에 그들과 이메일을 주고받는데 갑자기 "해피 뉴이어"라고 인사해 당황했다. 알고 보니 유대인의 새해인 '로쉬 하샤나(Rosh haShanah)'가 9월 즈음에 있었다. 유대인은 크리스마스에 쉬지 않는 대신 11월이나 12월에 유대인 최대 명절 중 하나인 '하누카(Hanukkah)'를 지낸다. 이스라엘의 12월 25일이나 1월 1일은 휴일이 아니며 평일일 경우 정상 근무한다.

유대인은 일하는 요일과 명절뿐 아니라 식습관도 서구세계와는 다르다. 독실한 유대교 신자의 경우는 '코셔(Kosher)'라는 식사법을 철저히 따르는데, 이는 돼지고기와 갑각류 해산물을 먹지 않는 것을 비롯해 매우 까다로운 식습관을 말한다. 이 때문에 미팅이 있을 때면 이스라엘 사람들을 데려가도 괜찮을 만한 레스토랑을 고르는 것도 일이었다. 최소한 보스턴의 명물인 랍스터 전문 레스토랑에는 이스라엘에서 온 손님들을 데려갈 수 없었다.

두 번째 문화적 충격은 이스라엘 사람들의 공격적인 비즈니스 문화였다. 우선 유대인들은 질문을 많이 했다. 이스라엘에서 온 오데드라는 친구는 에너지가 넘치는 전형적인 이스라엘인이었다. 그는 목청이 큰 데다 상대가 당황스러워 할 정도로 많은 질문을 던졌다. 새로 인수한 회사에서 온 점령군 격인 사람이 비즈니스에 대해 너무 많은 질문을 하면 피인수회사의 직원들이 일을 제대로 하는지 의심하는 것처럼 보일 수 있다. 그런데도 그는 "우리는 그렇게 교육받았다"며 질문을 그칠 줄 몰랐다.

이스라엘 사람들은 매우 직선적이고 솔직했다. 궁금한 것이 있으면 돌려 말하지 않고 직설적으로 물었다. 대개 미국 사람들은 대놓고 나이를 물어보는 것을 피하는데 오데드는 처음 나를 보자마자 대뜸 몇 살이냐고 물었다. 상대의 말이나 행동에서 마음에 들지 않는 점이 있으면 "나는 이게 마음에 안 드니까 그렇게 하지 않았으면 좋겠다"고 직접적으로 말했다.

한번은 라이코스 직원 몇 명과 함께 이스라엘로 워크숍을 갔다. 워크숍을 하는 동안 이스라엘 직원들은 그야말로 서로 고함을 질러대며 싸우듯 회의에 임했다. 어떤 면에서 미국에서 온 우리는 그 에너지에 압도되는 느낌이었고 그 판에 끼어들기 싫어 조용히 있었다. 회의가 끝나고 이스라엘 회사의 CEO가 나를 따로 불러 "너희 미국에서 온 팀은 왜 말을 하지 않느냐?"고 추궁했다. 나는 "꼭 회의에서 말을 할 필요가 없지 않느냐, 필요할 때만 말하면 된다"고 반박했다. 그는 "우리는 마음속에 있는 생각을 밖으로 표현해야 한다고 배웠다. 당신들도 뭐든 생각을 말로 표현해 회의에 참여해야 한다"라고 강력하게 주문했다.

이렇게 '터프'한 이스라엘 사람들과 함께 일하면서 나는 많은 것을 배웠다. 시차와 언어뿐만 아니라 전통과 문화도 많이 다른 사람들과 일하기 위해서는 서로를 이해하려는 노력이 필요하다는 점을 깨달았다. 이후 나는 이스라엘과 유대인에 관한 책을 찾아 읽고 그들이 왜 그렇게 행동하는지 이해하려고 노력했다. 그리고 그들과 자주 대화하면서 이스라엘의 역사와 문화에 대해 많은 질문을 던지고 호기심을 보였다. 그런 내 행동에 그들이 호의를 보이고 기뻐했음은 물론이다. ●

**찰스 리브킨
차관보와의 만남**

● 미국 대사관의 요청으로 미 국무부 찰스 리브킨 경제 담당 차관보와 한국 창업자들이 만나는 행사를 2015년 4월 스타트업 얼라이언스 사무실에서 가진 바 있다. 미국 고위 관료가 참석하는 행사인 관계로 전날 미국 대사관저에서 아침식사를 함께하며 차관보를 비롯해 마크 리퍼트 주한 미국 대사와 대화할 수 있는 기회가 있었다.

실제로 만나본 리퍼트 대사는 아주 명석한 사람이었다. 당시 일어난 불의의 피습 사건으로 부상당한 얼굴과 손의 상처가 아물지 않아 반창고와 손 보호대를 착용하고 있었다. 하지만 그는 그 사건을 크게 개의치 않는 듯했다.

다음날 스타트업얼라이언스에서 가진 리브킨 차관보와 창업자들이 참석한 행사는 훈훈한 분위기에서 순조롭게 진행됐다. 미국의 고위 관료를 맞아 치른 행사는 그때가 처음이었는데 그들이 일하는 모습을 보고 많은 것을 배웠다. 당시 리브킨 차관보는 미 국무부 최초로 팟캐스트를 만들어 경제 외교정책을 설명한다고 했다. 그에게 어떤 계기로 그런 새로운 시도를 하게 됐는지 물었더니 다음과 같은 이야기를 들려줬다.

리브킨 차관보는 〈세서미 스트리트(Sesame Street)〉와 〈머펫쇼(the Muppet Show)〉로 유명한 짐헨슨컴퍼니에서 1988년부터 15년간 일했다. 1988년에 그가 하버드대학에서 MBA를 졸업하고 짐헨슨컴퍼니에 갓 입사했을 때의 일이다. 그는 머펫 등 인형과 스토리를 만드는 크리에이터만 있는 회사가 처음으로 뽑은 비즈니스맨이었다. 입사 후 그는 매일같이 야근을 하다가 이상한 점을 발견했다. 창업자인 짐 헨슨이 밤늦게 사무실을 서성거리다 몇 번이나 보일러실이 있는 지하실로 내려가는 것이 아닌가. 이상하게 여긴 그는 직접 지하실로 내려갔다가 매튜라는 청소부와 마주쳤다.

신입사원 리브킨은 그에게 "매튜, 짐 헨슨이 여기로 내려가던데 그를 봤나요?"라고 물었다.

"물론이죠. 그는 내게 기발한 아이디어가 있느냐고 물었어요."

"아니, 이 회사를 혼자 일으킨 거나 다름없는 헨슨이 당신에게 아이디어를 구했다고요? 정말이요?"

"그럼요."

이 상황을 도저히 이해할 수 없었던 리브킨은 헨슨을 찾아가 따지듯 물었다.

"당신이 청소부 매튜에게 아이디어를 물어본다는 것이 사실입니까?"

헨슨은 그런 질문을 하는 그가 딱하다는 듯 이렇게 말했다.

"찰스, 이 이야기를 꼭 해주고 싶군. 기발한 아이디어는 어디서든 나올 수 있네."

헨슨은 누구에게도 자신의 창의성을 증명할 필요가 없는 회사의 CEO이자 창업자다. 그런 위치에 있는 헨슨이 지위고하를 막론하고 조직 내 모든 사람에게서 아이디어를 찾고 그 가치를 인정해줬다는 사실은 리브킨에게 큰 깨달음을 줬다. 리브킨은 그때 다음과 같은 점을 깨달았다고 했다.

"높은 지위가 사람을 창의적으로 만들어주는 것은 아닙니다. 사실 할리우드를 보면 어떤 사람들은 높은 자리에 오를수록 점점 덜 창의적이게 됩니다. 내가 국무부에서 처음으로 팟캐스트를 시도한 것은 소통을 통해 다양한 사람들로부터 창의적인 아이디어를 얻기 위해서입니다."

스타트업얼라이언스에서 강연하는 찰스 리브킨 차관보(위).
〈세서미 스트리트〉와 〈머펫쇼〉로 유명한 짐헨슨컴퍼니의 창업
자 짐 헨슨(아래)[6]

그에게 큰 교훈을 준 헨슨은 1990년에 53세로 세상을 떠났으며 리브킨은 승진을 거듭해 짐헨슨컴퍼니의 CEO 자리에까지 올랐다.

미국 생활을 접고 귀국했을 때 내가 느낀 것은 한국은 일방향, 미국은 쌍방향 문화를 가졌다는 점이다. 미국인은 대화를 즐기는데 반해 한국인은 대화를 힘들어한다. 그런 문화는 각종 행사나 모임 등 사회 곳곳에서 찾아볼 수 있다. 행사에 가면 참석자들은 자기 할 말만 하고 끝낸다. 토론 자리에서도 진짜 토론이 이뤄지는 경우는 거의 없다. 과거 아이가 다니는 초등학교 설명회에 갔다가 학교 측에서 전달해야 할 내용만 일방적으로 설명하고 질문을 받지 않아 황당했던 경험이 있다. 반면 일방향보다 질문을 받고 대답하는 타운홀 미팅(Townhall Meeting) 문화가 자리 잡은 미국에서는 질의응답 시간이 없는 행사는 상상할 수 없다.

리브킨 차관보와 가진 행사에서도 차관보는 연설을 마치고 약 45분간 청중의 질문에 답하고 즐겁게 대화했다. 그의 사려 깊은 대답에는 배울 점도 많았다. 행사가 끝나고 그는 참석자들과 일일이 인사를 나누며 명함을 주고받았다.

이처럼 지위고하를 막론하고 격의 없이 대화하는 가운데 창의적인 아이디어가 나오고 소통이 이뤄진다. 짐 헨슨의 사례에서 본 것처럼 누구나 창의성을 갖고 있다. 그런 창의성을 발현시키기 위해서는 한국의 문화도 바뀌어야 한다. 우리 행사에서는 고위 인사들이 와서 의례적인 인사말만 하고 사라지는 경우가 대부분이다. 청중은 그들을 위한 들러리에 불과할 때가 많다.

덧붙이자면 리브킨 차관보는 이날 행사를 정말로 흡족해하며 돌아갔다. 그는 작별인사를 하면서 내게 워싱턴DC를 방문할 일이 있으면 연락하라고 말했다. 내가 "트위터를 열심히 하는 것이 대단하다"고 말했더니 "당신은 트위터 팔로어가 내 20배이던데 뭘 그러냐"고 해서 웃었다. ●

의전 사회

미국에 있을 때 한국에서 주최하는 콘퍼런스에 초청되어 간 적이 있다. 정부 고위 인사가 참석해 인사말을 하고 자리를 빛내주는 행사였다. 대부분 일반인인 수백 명의 청중이 행사가 시작되기를 기다렸다. 행사장 옆에 마련된 큰 방에는 관련 업계의 기업 대표, 유명 대학 교수 등이 빼곡히 앉아서 고위 인사와 차를 한잔하려고 대기하고 있었다.

다들 잡담을 나누며 지루하게 기다리는데 행사 시간이 다 되어가는데도 고위 인사는 나타나지 않았다. 30분 가까이 지각한 고위 인사는 미안한 기색도 없이 기다리던 귀빈들과 일일이 악수를 한 뒤 행사가 지체되고 있는데도 자리에 앉아 그들과 담소를 나눴다. 그런 후 지루하게 행사 시작을 기다리던 청중 앞에 나가 형식적인 축하 인사를 한 뒤 귀빈들과 기념사진을 찍고 다음 일정 때문에 바쁘다며 자리를 떴다. 행사의 실질적인 내용인 강연이나 토론에는 전혀 참가하지 않았다. 그가 떠난 뒤 다른 귀빈들도 뒤따라 썰물처럼 빠져나갔다.

나는 '한국이 참으로 대단한 의전 사회가 됐구나' 하는 생각을 했다. 고위 인사와 만났을 때 업계 현안 등 실질적인 이야기는 전혀 오가지 않았다. 그저 서로의 비위를 맞추는 공허한 덕담만 나눴을 뿐이다. 그 행사에 참석하기 위해 중요한 미팅이나 출장 일정도 미루고 온 민간 기업 임원들의 시간은 누가 보상해줄까. 또 알맹이 없는 고위 관료의 축사를 듣느라 낭비한 청중의 시간은?

더 나아가 그렇게 중요한 국정을 수행하는 사람이 이렇듯 형식적인 행사와 모임에 참석하면 도대체 일은 언제 하는지 걱정됐다. 듣자 하니 장차관 이상 고위 인사의 점심과 저녁식사 일정은 거의 한 달 전부터 꽉 찬다고 한다. 요즘에는 조찬 모임도 흔하다. 잘못하면 새벽부터 저녁까지 행사장과 식사 약속 자리를 옮겨다니다가 하루를 다 보낼 수도 있겠다 싶었다.

세상의 변화를 따라잡기 위해 읽고 공부해야 할 것이 차고 넘치는 시대에 이렇듯 시간을 낭비해도 되는 것일까. 이런 식이어서는 세계적인 리더들이 한국을 방문했을 때 그들을 감복시킬 만한 통찰력 있는 대화를 나누기 어려울 것이다. 자신의 생각을 이야기하기보다 부하들이 만들어준 자료만 읽고 말 것이다.

의전 사회의 폐해는 2014년 세월호 참사에서도 여실히 드러났다. 높은 사람이 오면 그에 맞춰 의전을 준비하는 데 익숙해진 공무원들은 현장에서 고통받는 희생자 유가족을 배려하는 방법을 알지 못했다. 위기 상황에서 효율적으로 구조 활동을 펼치는 방법에 대한 매뉴얼은 갖고 있지 않은데 높은 사람을 모시는 의전 방법은 머릿속에 박혀 있었을 것이다. 상황이 이렇다 보니 유가족에게 질타를 받을 수밖에 없었다.

한국의 경쟁력을 높이기 위해 과도한 의전 문화를 없애자고 제언하고 싶다. 쓸데없는 의전에 소비하는 시간을 줄이면 행사 진행자가 높은 사람이 아닌 일반 참석자를 더 많이 배려하고 내실 있는 시간으로 만들 수 있다. 그 시간에 실질적인 대화를 하고 심도 깊은 토론을 유도할 수 있다.

억지로 끌려가 자리를 지켜야 하는 불필요한 회의 역시 사라져야 한다. 비효율적인 회의와 외부 미팅이 많은 회사에 다니다 보면 업무 시간에는 일을 못하고 결국 야근과 주말 근무를 할 수밖에 없다.

과도한 의전 문화도 이와 같은 부작용을 낳는다. 윗사람이 형식적이고 관행적인 행사를 쫓아다니는 동안 조직 전체의 효율성이 떨어진다. 대한민국의 경쟁력 향상을 위해 리더부터 솔선수범해 이런 형식적이고 권위적인 의전 문화를 없앴으면 하는 바람이다. ●

뉴욕타임스에 실린
푸틴의 기고문

2013년 9월 중순 《뉴욕타임스》가 실은 글로 인해 백악관과 미 의회가 발칵 뒤집혔다. 미국을 정면 비판하는 블라디미르 푸틴 러시아 대통령의 기고문이 게재된 것이다.[7] 이 글에서 푸틴은 "점점 많은 세계인이 미국을 민주주의 모델이 아닌 폭력에만 의존하는 국가로 여긴다"고 버락 오바마 대통령의 시리아 공격 계획을 야유했다. 비유하자면 한국의 대표 신문이 일본 아베 신조 총리의 한국 비판 글을 실어준 것이다. 푸틴이 글에서 주장하는 내용의 정당성은 차치하고라도 나는 이처럼 다양한 인물의

견해를 과감히 수용해 게재하는 《뉴욕타임스》의 편집 방침에 다시 한 번 감탄했다.

사설과 칼럼이 실리는 지면을 미국 신문에서는 옵에드(Op-Ed) 면이라고 한다. 푸틴의 기고문이 실린 옵에드 면을 의견사설 면(Opinion-Editorial)으로 오해하는 사람이 많다. 하지만 여기서 옵에드는 '사설의 반대(Opposite-Editorial)'의 약자다. 논설위원들이 무기명으로 작성하는 신문사의 공식적인 견해인 사설과 대치되는 의견이라는 뜻이다. 1970년에 처음 등장한 《뉴욕타임스》 옵에드 면은 외부인의 의견을 소개하고자 만들어졌다. 이런 외부인의 다양한 시각을 담은 글은 《뉴욕타임스》의 지면을 차별화하고 사회적으로 큰 반향을 일으켜왔다.

2012년 골드만삭스의 고위 임원이었던 그레그 스미스는 "나는 왜 골드만삭스를 떠나는가(Why I Am Leaving Goldman Sach)"라는 기고문으로 월가를 발칵 뒤집어놓았다. 자신의 글이 《뉴욕타임스》에 실리는 날 새벽에 보스에게 이메일로 사직 의사를 통보한 그는 작심하고 직접 경험한 탐욕스러운 골드만삭스의 문화를 조목조목 고발했다. 그날 골드만삭스의 주가는 3.4퍼센트 하락하고 이후 월가의 탐욕에 대한 보도가 잇따랐다.

2011년에는 월가의 억만장자 워런 버핏이 "슈퍼리치 감싸기를 멈추라(Stop Coddling the Super-Rich)"라는 글을 기고하면서 자신의 소득세율이 직원들의 그것보다 훨씬 낮다고 고백해 큰 반향

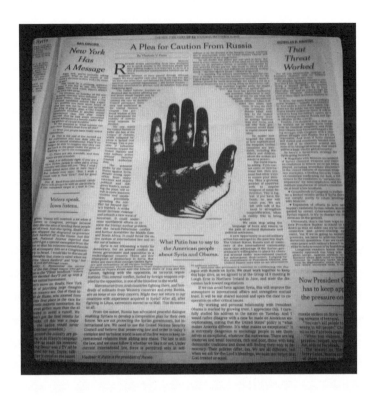

푸틴의 기고문이 실린 2013년 9월 12일자 《뉴욕타임스》 옵에
드 면

을 일으켰다. 부자들이 솔선수범해 고통을 분담해야 한다는 버핏의 주장은 정치권부터 언론까지 치열한 토론을 벌이는 시발점이 됐다.

이런 글들이 《뉴욕타임스》에 실린 뒤에는 TV, 라디오, 신문, SNS에 후속 보도가 이어지면서 사람들에게 토론의 장을 제공했다. 꼭 《뉴욕타임스》 독자가 아니더라도 여기저기서 대충 내용을 전해 듣게 될 만큼 그 파급효과가 엄청났다.

《뉴욕타임스》는 매주 수천 통씩 들어오는 기고문을 모두 훑어보고 채택 여부를 결정한다. 대부분은 거절하지만 채택하기로 결정한 글의 경우에는 면밀한 사실 확인과 편집을 거쳐 작성자본인의 동의를 구한 뒤에 게재한다. 이런 글들은 《뉴욕타임스》 사설과 유명 칼럼니스트의 글과 나란히 게재된다.

유명 인사라고, 외국의 정상이라고 해서 《뉴욕타임스》에 글을 실어주는 것은 아니다. 시의성이 있고 색다른 시각을 제공해 논쟁을 유발할 수 있는 글이어야 한다. 푸틴의 기고문은 시리아 사태와 관련해 시의적절한 소재였으며 논점을 잘 부각시킨 좋은글이었기 때문에 게재했다고 한다.

갈수록 당파성이 강해지는 한국 신문의 경우 신문사의 논조와배치되는 시각이 담긴 외부 기고자의 글을 접할 기회가 많지 않다. 회사 논조와 다르더라도 사회의 다양한 의견을 경청해 소개하고 판단은 독자에게 맡기는 것이 언론의 역할이 아닐까. ●

지극히 사적인
경조사 문화

한국과 미국이 많이 다르다고 느낀 부분은 직장 내 경조사 문화다. 한국에서는 직장인이 결혼한다고 하면 회사 내의 관련 부서를 돌면서 열심히 청첩장을 돌리는 것이 상례다. 보통 주말에 열리는 결혼식에 같은 부서의 사람들은 모두 참석해 축하를 해준다. 결혼한 당사자의 직속상관은 반드시 참석하며 가깝게 지내는 동료들도 결혼식장에 가서 축하해준다. 회사의 총무 부서에서는 사장 명의로 축하 화환을 보내주고 경우에 따라서는 사장이 주례를 서주는 일도 드물지 않다.

동료가 아닌 상사의 자녀가 결혼하는 경우에도 같은 부서의 직원들이 빠지지 않고 결혼식에 참석한다. 이런 이유로 결혼 시즌이 되면 사내외에서 지나치게 많은 청첩장을 받아 부담되는 경우도 없지 않다.

미국에서는 직장 상사는 물론 동료까지 아무도 결혼식에 초대하지 않는 것이 보통이다. 결혼 소식을 주위에 알리기는 해도 같은 팀의 동료들도 전혀 초대하지 않는 경우가 많다. 주위에서도 초대받지 못하는 것을 당연하게 여긴다. 교회 등에서 하는 격식을 갖춘 결혼식일수록 이런 경향이 두드러진다. 더 많은 사람을 초대하는 캐주얼한 결혼식의 경우 직장 동료를 초대하기도 한다. 하지만 그런 경우에도 직장 동료와 회사를 떠나 좋은 친구 관계이기 때문에 초대하는 편이다.

심지어는 결혼 소식을 회사에 전혀 알리지 않는 경우도 있다. 라이코스에서 오랫동안 근무한 데비는 역시 10년간 함께 일한 상사 짐이 결혼 소식을 숨겨 섭섭하고 화가 났다고 내게 털어놓은 일이 있다. 짐이 일주일 동안 휴가 간다고 말하고 사라졌는데 회사 밖의 지인이 그가 결혼한다는 소식을 전해줬다는 것이다. 데비는 부랴부랴 지역신문을 뒤져 그의 결혼식 소식을 확인했다. 그런데 일주일 뒤 허니문에서 돌아온 짐은 아무 말 없이 계속 시치미를 떼었다.

하지만 나는 회사 직원의 결혼식에 초대받는 행운을 누렸다.

라이코스의 IT 팀장 조가 자신의 결혼식에 나와 몇몇 동료를 초대했다. 그의 신부가 유대인이었는데, 그 덕분에 나는 처음으로 랍비가 주례를 서는 유대식 결혼식을 볼 수 있었다.

미국에서는 보통 결혼식에서 축의금을 내지 않는다. 대신 결혼할 커플이 자신들이 필요한 물품을 담은 '위시리스트(Wish List)'를 초대받은 사람들에게 보낸다. 대개 아마존 같은 온라인 쇼핑몰이 링크되어 있는데 그중에서 하나를 사서 선물로 결혼식에 가져간다. 나의 경우에는 책을 좋아하는 신부를 위해 전자책 리더인 킨들을 선물했다.

조가 직장 동료를 결혼식에 초대한 것은 매우 예외적인 경우이었다. 일부 회사에 따라 축하금을 지급하는 경우도 있지만, 미국 회사는 보통 결혼하는 직원에게 공식적으로 화환을 보내거나 축하금을 지급하는 경우는 드물다. 라이코스도 마찬가지였다.

장례식 문화도 한국과 다르다. 한국에서는 결혼식과 마찬가지로 가급적 직장 동료의 가족 장례식에 문상을 가는 문화다. 하지만 미국에서는 직원 본인이 사고로 고인이 된 경우나 고인이 된 동료의 가족을 직접적으로 아는 경우가 아니면 직장 동료의 가족 장례식에 가는 경우는 거의 없다. 다만 직원 가족의 부음을 알게 되면 회사에서는 과일바구니나 꽃바구니를 보내 조의를 표시한다. 라이코스의 인사팀장 다이애나는 회사 대표로 직원 가족의 장례식에 간 적도 가끔 있었다. 하지만 가족의 장례식을 직

유대계 신부와 결혼한 조의 결혼식. 랍비가 주례를 보고 후파라
는 차양 밑에서 결혼식을 올리며 서약이 끝나고 신랑이 보자기
로 싼 유리컵을 오른발로 깨는 순간

장 동료에게 알리고 싶어 하지 않는 사람도 있었다. 그런 경우에는 주위에서 이야기를 들었더라도 본인 앞에서는 일부러 모른 척해주기도 했다.

이런 문화는 경조사는 개인의 사생활 영역이므로 침범해서는 안 된다고 생각하는 미국식 사고방식에서 비롯된다. 자신의 가족사 등 사생활을 주위에 노출하는 것을 극도로 꺼리는 사람들이 있다. 이런 사람들은 가까운 동료들에게도 결혼 여부 등 사생활을 전혀 털어놓지 않는다. 주위에서는 그런 사람들을 가리켜 "그는 아주 비밀스러운 사람이다(He's very private person)"란 표현을 쓰곤 했다.

이런 문화 덕분에 내가 라이코스 CEO로 재직한 3년간 조의 결혼식에 참석한 일이 유일한 미국에서의 경조사 경험이었다. ●

고인의
이름이 없는 부고

● 한국에서는 별생각 없이 지나쳤던 일을 외국에서 생활하면서 다르게 보게 되는 경우가 있다. 신문 부고와 전기와 관련한 문화에서 한국 사회와 미국 사회의 관점의 차이를 느꼈다.

부고는 "어떤 사람의 죽음을 연고자에게 알리는 것이나 그러한 글"이다. 한국 신문 부고란은 대부분 천편일률적이다. "김○○ ××기업 전무 부친상=○○일 ○○시 ○○병원, 발인 ○○일 ○○시 전화번호" 하는 식이다.

그런데 자세히 보면 부고 기사인데 정작 고인의 이름은 나오지 않는 경우가 많다. 고인이 현직에 있는 사람이거나 과거에 어느 정도 사회적 지위가 있었던 사람이 아니면 자식들의 이름 다음에 '부친상', '장인상' 같은 식으로 처리된다. 특히 평범한 주부로 평생을 살아온 경우는 거의 예외 없이 고인의 이름 없이 '모친상' 아니면 '장모상', '조모상'으로 나온다. 자식들의 이름만 직업이나 직함과 함께 소개한다.

한국에서는 당연하게 생각한 이런 부고란에 의문을 품게 된 것은 미국 신문의 부고란을 읽게 되면서다. 미국 신문에서 부고의 주인공은 자손들이 아니라 고인이다. 예를 들면 이런 식이다.

"로다 레인버그. 82세. 루이스의 부인. 리사와 데이비드의 엄마. 벤저민, 리오라, 시라의 할머니. 그녀는 따스하고 온화한 영혼, 낙천적인 성격, 유머, 호기심, 인내심을 가졌으며 세상을 따뜻한 곳으로 만들기 위해 노력한 사람으로 기억될 것이다."

이처럼 고인을 기억하고 추모하는 것이 부고의 목적이다. 이보다 더 긴 부고에는 고인의 인생 역정을 간결하게 소개한다. 자손들은 이름만 나올 뿐 직업이나 직함은 거의 알리지 않는다. 미국 신문 부고란은 읽는 재미도 있고 가족들의 애정도 느껴진다.

같은 맥락에서 미국에 와서 신기하게 느낀 것이 전기 장르의 인기다. 나는 한국에 있을 때 전기를 어린 시절에 읽는 위인전 같은 고리타분한 책으로 생각했다. 그런데 미국에서는 정치인, 기업인, 과학자, 예술인, 언론인 등 다양한 인물들의 전기나 자서전이 끊임없이 쏟아져 나오고 많은 독자들이 선호하는 인기 장르다. 스티브 잡스 전기처럼 밀리언셀러도 많다. 서점에 가면 전기만 진열한 큰 서가가 따로 있고 평생 전기만 쓰는 전업 작가도 많다. 이런 전기들은 단순히 한 인물의 삶을 미화하기보다는 그들이 살다간 시대 상황을 세밀히 묘사하면서 공과를 균형 있게 서술해 독자가 한 인물의 인생을 돌아볼 수 있도록 한다.

미국에서는 왜 이처럼 전기가 인기가 있을까? 전기를 탐독하는 한 지인은 내게 이렇게 말했다. "역사책은 딱딱해서 읽기가 어려운 데 반해 전기의 경우에는 그 사람의 생애를 통해 역사를 재밌게 배울 수 있다." 역사는 반복되고 인간은 같은 실수를 반복한다. 그런 의미에서 옛 인물의 생애를 따라가다 보면 지혜와 용기를 얻게 된다는 것이다. 전기를 통해 일종의 멘토를 찾게 된다고 할까.

10여 년간 에이브러햄 링컨을 연구한 역사학자 도리스 컨스 굿윈(Doris Kearns Goodwin)은 2005년 『권력의 조건(Team of Rivals)』이라는 링컨 전기를 펴냈다. 이 책은 스테디셀러가 됐고 2009년 대통령으로 취임한 버락 오바마에게 큰 영감을 줬다. 오바마는 이 책에서 경쟁자를 끌어안는 링컨의 리더십에 자극받아 힐러리 클린턴을 국무장관으로 영입했다.

이런 서구의 문화에 비해 우리는 한 사람의 인생에 대한 관심이 부족한 것이 아닐까. 그런 맥락에서 한국의 부고란도 마치 문상 올 사람을 모집하는 듯한 형식에서 벗어나 고인을 기억하고 추모하는 형식으로 바뀌었으면 한다.

1990년대 중반 신문사 사회부 신참 기자로 일할 때 부고란을 작성한 적이 있다. 그때는 아무 생각 없이 팩스로 온 부고 게재 요청을 형식에 맞게 적은 다음 전화번호가 맞는지 직접 걸어서 확인하고 신문에 실었다. "왜 망자의 이름은 없는 것일까?"라는 생각은 하지 못했으며 그저 관행을 따랐다. 내 조부모님이 돌아가셨을 때도 마찬가지였다.

얼마 전 우연히 2003년에 이 문제를 지적한 "신문 부고란엔 망자가 없다"라는 제목의 《미디어오늘》 기사를 발견했다. 이런 부고 문화를 풍자한 김승희 시인의 「한국식 죽음」이란 시가 있다는 사실도 알게 됐다. 이런 글들이 나온 지 10여 년이 지났는데도 변한 것이 전혀 없다는 사실이 아쉽기만 하다. ●

이 글은 2013년 7월에 《한겨레신문》에 기고했던 칼럼을 보강한 글이다. 내 글의 영향인지 모르지만 이제는 한국 신문의 부고란에도 고인의 이름이 먼저 게재되는 형식으로 바뀌었다.

19세 청년이 만든
로봇 변호사

● 2016년 7월 방영된 미국 CBS 뉴스를 통해 인공지능 로 봇 변호사를 개발해 16만 명이 약 40~50억 원어치의 주차 위반 벌금을 내지 않을 수 있도록 도와준 19세 청년 조슈아 브로더 (Joshua Browder)를 알게 됐다. 1996년에 런던에서 태어난 그는 18 세에 면허를 취득해 차를 몰기 시작했다. 그런데 주차 위반 딱지 를 네 번이나 받게 됐다. 부모님이 "이젠 네가 알아서 해라"라고 하며 더 이상 벌금을 내주지 않자 그는 연구에 들어갔다. 가장 손쉬운 방법은 변호사를 통해 항의 편지를 보내는 것이었는데

그는 그를 위해 많은 비용을 지불하는 게 아까웠다.

고심 끝에 그는 주차 위반 딱지가 어떤 경우에 발부되는지 알아보기 위해 수백 개의 정부 문서를 탐독했다. 심지어는 정부기관에 정보 공개를 청구하기도 했다. 주차 위반 딱지를 발급하는 방식을 어느 정도 이해하게 된 그는 직접 항의 편지를 써서 당국에 보냈다. 그리고 마침내 주차 위반 딱지를 취소시키는 데 성공했다. 나름대로 요령을 터득한 그는 가족과 친구들의 주차 위반 딱지를 취소시키는 것을 도와주다가 더 많은 사람을 돕기 위해 인공지능 로봇을 개발해야겠다는 생각에 이르렀다.

어려서 코딩을 배운 그는 컴퓨터 프로그래밍에 능숙했다. 스탠퍼드대학에 입학해 유튜브를 통해 머신러닝 등을 익혀 3개월 동안 밤 12시부터 새벽 3시까지 집중적으로 코딩했다. 모르는 것은 머신러닝 전문가인 스탠퍼드대학 교수에게 직접 물어봤다. 그리고 지난 2015년 9월 두낫페이(DoNotPay.co.uk)라는 사이트를 열었다. 이 사이트는 대화형으로 자신의 상황을 설명하면 자동으로 변호사가 써준 것 같은 항의 편지를 작성해준다.

처음에는 주위 친구들에게만 알렸는데 점점 입소문이 났고 급기야 《허핑턴포스트》에 소개되면서 엄청나게 많은 사람이 이 사이트를 이용하기 시작했다. 2016년 7월까지 16만 명이 이 사이트를 이용해 항의 편지를 보냈고 주차 위반 딱지를 취소하는 데 성공했다. 취소된 금액만 40~50억 원에 달한다. 많은 언론이 이 소식을 전했고 그는 일약 스타가 됐다.

그는 여세를 몰아 이 서비스를 뉴욕, 시애틀로 확장했다. 항공편이 지연됐을 때 항공사에 배상을 청구하는 법률 문서를 자동으로 써주는 서비스를 개발했다. 시리아 난민을 돕는 프로젝트도 시작했다. 영어를 모르는 난민들이 아랍어 서비스를 이용해 작성하면 영어로 난민망명신청서를 써주는 것이다.

유대계인 이 청년의 아이디어와 문제 해결 방식 그리고 실행력이 참 대단하다는 생각이 들었다. 문제를 인식하고 주체적으로 해결하는 기업가정신이 뭔지를 보여주는 좋은 사례가 아닌가 싶다. 브로더는 이스라엘 텔아비브에서 열린 디지털 · 라이프 · 디자인(DLD) 콘퍼런스에 참가해 로봇 변호사를 소개하면서 이 경험을 통해 자신이 느낀 점 두 가지를 밝혔다.

첫째는 앞으로 인공지능이 인간의 숙련된 직업을 대체할 것이라는 전망이다. 자신처럼 어린 사람도 인공지능 변호사를 개발해 수많은 주차 위반 딱지를 취소시키는 법률 문서를 작성해줬는데 전 세계의 수많은 실력 있는 프로그래머들이 앞으로 얼마나 더 대단한 인공지능 서비스를 만들어내겠느냐는 주장이다.

둘째는 이런 인공지능은 사회에서 경제적으로 소외된 사람들에게 큰 도움이 될 것이라는 전망이다. 그는 로봇 변호사를 만들고 노인과 장애인에게 많은 감사 편지를 받았다고 한다. 이들은 주로 무분별한 주차 위반 딱지로 피해를 입었던 사람들이다. 이

로봇 변호사를 만든 19세의 영국 청년 조슈아 브로더[8]

처럼 예전에는 많은 비용이 들어 법률 서비스에 접근하지 못하던 사람들이 인공지능을 통해 쉽게 서비스를 받을 수 있는 세상이 올 것이란 이야기다.

겨우 19세 청년이 혼자 힘으로 사회에 긍정적인 영향을 미치는 서비스를 개발해 수천 명의 변호사를 대체하는 시대가 됐다. 앞으로 펼쳐질 미래는 어떤 세상이 될지, 우리 아이들은 어떤 세상을 살아갈지 기대 반 걱정 반이다. 한국에서도 조슈아 브로더처럼 생각하고 실행하는 젊은 친구들이 많이 나오길 바란다. ●

창업 국가
이스라엘

●　이스라엘은 세계적인 '창업 국가'로 잘 알려져 있다. 아랍의 적들로 둘러싸여 있고 인구가 800만 명에 불과한 이 작은 나라에 인구 대비 세계에서 가장 많은 스타트업이 자리 잡고 있기 때문이다.

2011년 처음 이스라엘을 방문한 나는 그곳의 분위기가 실리콘밸리와 아주 비슷하다고 생각했다. 내가 만난 이스라엘의 스타트업 사람들은 실리콘밸리 사람들과 비슷하게 생각하고 행동했다. 마치 실리콘밸리 사람들을 그대로 이스라엘에 옮겨놓은 것 같다고 할까. 이후에도 나는 수차례 이스라엘을 방문했고 항상 이 작은 나라에서 매력적인 스타트업이 쏟아져 나오는 이유가 궁금했다. 왜 이스라엘에서 스타트업이 번창하는 걸까?

첫 번째 이유는 이스라엘이 이민 국가이기 때문이다. 이스라엘은 전 세계에서 몰려온 이민자들이 현지 IT 기업의 핵심 인재 계층을 형성하고 있는 실리콘밸리와 비슷하다. 현 이스라엘 유대인 인구의 30퍼센트는 자신이 직접 이민 온 1세대이며 나머지도 모두 이민 가정의 2세, 3세다. 특히 구소련 연방에서 이민 온 러시아계 유대인들이 큰 인재풀이 됐다. 많은 이들이 과학자나 엔지니어였기 때문이다.

덕분에 이스라엘의 젊은이들은 학교에서 히브리어를 국어로 배우지만 집에서는 영어나 러시아어, 스페인어 등 부모의 모국어를 사용해 다국어 능통자가 많다. 또 부모의 모국에 친척이 남아 있거나 이중 국적자로서 활발히 오가며 교류하는 경우도 빈번하다. 이런 이스라엘인으로 스타트업이 구성되면 저절로 글로벌 기업이 되는 것이다.

두 번째는 좁은 국내 시장이다. 이스라엘의 인구는 800만 명 정도로 서울 인구보다 적다. 그중에서 아랍계 인구를 제외하면 히브리어를 쓰는 유대계 인구는 600만 명밖에 되지 않는다. 즉, 히브리어로 만든 제품이나 서비스가 팔리는 내수 시장은 세계 시장과 비교할 때 손바닥만 한 크기밖에 되지 않는다. 이런 이유로 대부분의 이스라엘 기업은 아예 처음부터 글로벌 시장을 겨냥한다.

그러다 보니 차별화된 기술이나 비즈니스 모델로 승부할 수밖에 없다. 큰 내수 시장이 있다면 외국에서 성공한 모델을 모방해 국내 시장에 승부수를 던져도 되겠지만 애초부터 미국이나 유럽을 중심으로 한 글로벌 시장을 목표로 하다 보니 뛰어난 기술이나 제품이 꼭 필요하다. 예를 들어 최초의 인터넷 전화나 인터넷 메신저는 모두 이스라엘의 스타트업이 만든 것이다.

세 번째는 전 국민의 높은 수준의 영어 실력과 글로벌한 비즈니스 감각이다. 이스라엘에 가면 평범한 식당 종업원이나 버스 운전사도 상당한 수준의 영어를 구사하는 경우가 많아 깜짝 놀라게 된다. 영어가 공용어도 아니고 유치원부터 대학까지 모든 교육이 히브리어로 이뤄지는데도 그렇다. 히브리어가 영어와 비슷해 잘하는 것 아니냐고 물으면 "히브리어는 오히려 아랍어와 비슷하며 영어와는 완전히 다르다"는 대답이 돌아온다. 그들은 어떻게 이처럼 영어를 잘할까.

해즈오퍼스(Has Offers)라는 미국 스타트업의 텔아비브 지사를 맡고 있는 아리 아트셜은 미국에서 살다 성인이 된 후 이스라엘로 건너간 유대인이다. 히브리어보다 영어를 훨씬 편하게 여기는 그는 이스라엘 사람들이 영어를 잘하는 것을 미국 프로그램을 더빙하지 않고 항상 자막을 달아 방영하는 이스라엘 TV의

텔아비브의 한 도서관 내에 스타트업을 위해 만들어진 코워킹
스페이스(Co-working Space)

영향으로 해석했다. 이스라엘 사람들이 〈사인필드(Seinfeld)〉 같은 미국의 인기 드라마를 어릴 때부터 원어로 즐기면서 자랐기 때문에 영어를 잘한다는 것이다. 실제로 이스라엘 TV 방송을 살펴보니 아이들이 보는 애니메이션까지 성우가 더빙하지 않고 자막만으로 방영하는 경우가 많았다. 그는 또 "많은 이스라엘 회사들이 글로벌 비즈니스를 위해 사내 문서나 이메일은 영어로 쓰는 경우가 많아 나처럼 외국에서 온 사람들이 일하기가 아주 편하다"고 말했다.

네 번째는 선순환이 이뤄지는 활발한 창업 생태계다. 1998년 세계 최초의 인터넷 메신저 ICQ를 개발한 이스라엘 스타트업 미라빌리스(Mirabilis)가 미국의 AOL에 2억 8700만 달러에 매각됐다. 이 회사의 창업자들은 그 돈으로 한국인들처럼 부동산을 사지 않고 다른 스타트업에 투자하거나 재창업에 나섰다. 이런 연쇄창업자들이 만든 이스라엘 스타트업이 매년 미국의 글로벌 IT 기업에 매각되거나 나스닥에 상장된다. 가까운 예로 2017년 3월 인텔이 이스라엘의 자율주행차 기술 업체 모빌아이를 약 17조 원에 인수하기로 했다.

그렇게 백만장자, 억만장자가 쏟아져 나오고 그들이 똑똑한 인재들을 모아 다시 기업을 만들어 성공시키면서 스타트업 커뮤니티에 돈과 인재가 모이는 것이다. 이런 선순환이 정부와 민간이 합동으로 조성한 벤처 지원 펀드인 요즈마펀드(Yozma Fund) 등

이스라엘 정부의 스타트업 진흥 정책과 맞물리면서 이스라엘은 그야말로 스타트업 천국인 창업 국가가 됐다.

구글 텔아비브 캠퍼스에서 만난 한 구글 직원은 "텔아비브에서 돌을 던지면 90퍼센트는 창업자에게 맞는다는 농담이 있다. 구글을 퇴사하는 직원들도 대기업으로 옮기는 것이 아니라 창업에 나서는 경우가 많다"고 말했다.

다섯 번째는 전 세계의 끈끈한 유대인 네트워크의 힘이다. 내가 같이 일해본 이스라엘 사람들은 생각보다 훨씬 긴밀하게 서로 연결되어 있었고, 수시로 돕고 주변 사람을 소개해줬다. 심지어 "같은 유대인이 아니면 못 믿겠다"고 말하기도 했다. 이처럼 종교와 전통, 애국심으로 묶인 전 세계 유대인의 공동체 의식이 이스라엘 스타트업이 세계 시장으로 진출하는 데 큰 힘이 되고 있다.

성공한 이스라엘 창업자들은 뉴욕과 실리콘밸리를 분주하게 오가며 현지의 유대인 네트워크를 통해 미국 지사를 설립하고 투자를 받는 것이 일종의 공식처럼 되어 있었다. IT 업계에서 성공한 유대계 미국인들도 분주하게 이스라엘을 드나들며 투자나 협력 대상을 찾는다.

여섯 번째는 독특한 군대 경험이다. 이미 알려져 있지만 이스라엘의 젊은이들은 남녀를 막론하고 3년간 의무적으로 군복무를 해야 한다. 대개는 대학에 입학하자마자 군대에 간다. 군대에

구글이 스타트업에게 개방한 공간인 텔아비브 캠퍼스에서 만난
기업용 커뮤니케이션 솔루션을 만드는 줄라(Zula)의 CEO(왼쪽).
벌써 몇 번의 창업을 경험한 이스라엘에서 잘 알려진 연쇄창업
자다.

서 보낸 시간을 인생의 낭비라고 생각하는 한국인과는 달리 이스라엘 사람은 대부분 군대 경험에 대해 긍정적이다. 어린 나이에 위기 대처 능력과 리더십을 배우고 인간으로서 성숙해질 수 있는 기회이자 좋은 친구를 사귈 수 있는 시간이라고 생각한다.

특히 창업 아이디어를 군대 경험에서 얻었다고 말하는 사람이 많았다. 눈의 동공과 안면의 움직임으로 스마트폰과 태블릿의 소프트웨어를 쓸 수 있는 기술을 개발한 유무브(Umoove)라는 예루살렘 스타트업의 CEO 이츠 켐핀스키는 "군대에 있을 때 이런 첨단기술을 군사용으로 개발하는 것을 보고 민간에 적용해보자는 아이디어를 얻게 됐다"고 말했다.

이런 사람들에게 군대에서 정확히 무엇을 했냐고 물으면 "보안상 말할 수 없다"고 고개를 절레절레 흔든다. 대개는 이스라엘 보안부대에 근무했기 때문이다. 적에 비해 수적으로 열세인 군사력을 만회하기 위해 이스라엘 방위군은 첨단기술을 적극적으로 도입하는데 거기서 배울 기회가 많았던 것이다.

내가 이스라엘의 스타트업에서 느낀 가장 큰 강점은 기꺼이 위험을 감수하고 도전을 두려워하지 않는 그들의 맨주먹정신이다. 영어 회화 교정 소프트웨어를 개발하는 진저소프트웨어(Ginger Software)의 CMO(최고마케팅책임자) 데이비드 노이는 내게 "이스라엘 사람은 기존의 틀을 부수고 바꾸려 하는 경향이 있다. 까짓것 한번 해보자는 마음으로 새로운 스타트업을 시작하는 경우가 많다"고 말했다. 이런 이스라엘 사람의 도전정신이 젊은 인재들로 하여금 변호사나 의사가 되거나 대기업에 취직하기보다는 스타트업에 지원하도록 만드는 원동력이라는 것이다.

그러나 그는 "대신 이스라엘 사람은 스타트업을 아주 큰 회사로 키우지는 못한다"고 말했다. 구글이나 페이스북, 트위터처럼 스타트업에서 시작해 글로벌 기업으로 성장하는 경우는 많지 않고 작은 회사인 상태에서 도중에 큰 회사에 매각해버린다는 것이다. 그런 까닭에 거꾸로 삼성, LG, 현대 같은 글로벌 대기업이 있는 한국을 부러워하는 이스라엘 사람도 많았다. 역시 모든 것을 다 갖기는 쉽지 않은가 보다. ●

독서는 가족이
함께 즐긴다

● 당신은 책을 즐거움을 위해 읽는가, 아니면 뭔가 얻기 위해 읽는가? 솔직히 고백하자면 나도 책에서 즐거움을 얻기보다는 지식을 찾고자 한다. 현기증이 나도록 빠르게 변화하는 사회에서 살아남으려면 적어도 남들이 추천하는 경영서나 자기계발서 혹은 철학서 정도는 읽어야 할 것 같기 때문이다. 그래서인지 읽다가 중단한 책, 아예 시작도 못 한 책도 꽤 있다. 나뿐 아니라 책에 관한 한 많은 한국인이 비슷한 상황인 듯하다. 숙제처럼 책을 읽어야 한다는 강박에 빠져 있는 경우도 많다.

하지만 미국인의 경우는 달랐다. 많은 사람이 책을 온전히 즐거움을 얻기 위해 읽었다. 예를 들어 '비치 리딩' 즉, 바닷가에서 하는 독서라는 말이 있다. 여름휴가를 갈 때 책을 가져가서 바닷가에 누워 읽는 것이다. 즐거움을 위해 읽는 것이니 당연히 흥미로운 소설류를 선택하는 경우가 많다. 그렇다 보니 여름휴가철을 겨냥해 대중소설이 잔뜩 쏟아져 나오고 여름은 출판계의 대목이 된다. 여름을 비수기로 치는 한국 출판계와는 대조적이다.

이와 같이 오락의 수단으로 TV나 영화를 보듯 책을 읽다 보니 미국인에게는 독서 습관이 자연스럽게 몸에 배어 있다. 주위 사람들과 이야기해보면 책에 관심이 많고 의외로 독서량이 많은 것에 놀라게 된다. 공부하듯, 숙제하듯 책을 읽는 한국인보다 책을 더 많이 읽을 수밖에 없다.

어떻게 미국인이 이런 즐거움을 위한 독서 습관을 갖게 됐는지 궁금해하던 차에 아이들을 초등학교, 중학교에 보내면서 조금씩 알게 됐다. 무엇보다 미국에는 아이들이 읽을 흥미롭고 유익한 책이 넘쳐난다. 「해리 포터」 시리즈를 비롯해 「퍼시 잭슨의 모험」 시리즈 등 한번 재미를 붙이면 계속 읽을 수밖에 없는 시리즈물이 넘쳐난다.

학교에서도 어린이들이 일찍부터 독서 습관을 갖도록 독서 지도에 큰 비중을 둔다. 좋은 책을 나눠주고 내용을 주제로 토론하도록 하면서 흥미를 유발한다. 책을 쉽게 빌려 볼 수 있는 지역

도서관들이 곳곳에 있다. 이렇게 아이들이 책의 세계에 빠지다
보면 일종의 '소셜' 효과도 발생한다. 인기 소설의 신간이 나오
면 아이들 사이에서 화제가 되고 대화에 참여하기 위해 아이들
은 더 열심히 책을 읽는다.

　여기에는 책 읽기의 즐거움을 주고자 애쓰는 작가의 노력도
한몫한다. 『매직트리하우스(Magic Tree House)』라는 인기 있는 어
린이책 시리즈물을 쓴 메리 포프 오즈번(Mary Pope Osborne)이란
작가가 있다. 그녀는 초등학교 3학년까지 읽기 능력을 제대로
습득하지 못한 학생은 고등학교를 중퇴할 확률이 그렇지 않은
학생보다 4배나 높다는 조사 결과를 접하고 큰 충격을 받았다.

　그녀는 읽기 능력이 미국에서 가장 뒤처지는 것으로 조사된
뉴저지 주 뉴어크의 초등학교 3학년생 4300명에게 28권짜리
자신의 책 전집을 한 질씩 무료로 선물했다. 자신의 책을 읽으며
독서의 즐거움에 눈을 뜬다면 저절로 읽기 능력도 향상될 것이
라고 생각한 것이다. 읽는 것에 대한 거부감이 사라지면 자연스
럽게 책을 넘어 신문, 잡지 등 여러 매체를 통해 다양한 정보와
생각을 접할 수 있게 되고 그 결과 좋은 글을 쓸 수 있는 능력도
키워질 것이다.

　오즈번이 책을 기부하면서 쓴 칼럼의 내용도 감명 깊었다. 그
녀는 아이들이 직접 책을 소유함으로써 '읽기'라는 놀라운 모험
의 세계에 빠져들 확률이 더 높아지기를 희망한다고 했다. 집에

책이 있다는 것은 매우 중요한 의미를 가지며 독서는 가족이 다같이 즐기는 행사가 되어야지 숙제처럼 여겨서는 안 된다고도 했다. 오즈번이 쓴 글의 마지막 부분이 특히 공감됐다.

트위터에서 어떤 분에게 이런 이야기를 들었다. 미국에서는 책벌레이던 아이가 한국으로 돌아오자 언제 그랬느냐는 듯 책을 읽지 않는다는 것이다. 한국 학교에서는 내신의 압박 때문에 책 읽을 시간을 낼 수가 없는데다 아이들 사이에서도 인기 책 시리즈를 읽고 기쁨을 나누는 문화가 없다는 것이다. 친구와 이야깃 거리가 되지 않으니 흥미가 떨어지고 자연스럽게 책을 더 안 읽게 되더란다.

세 살 버릇 여든까지 간다는데 좋은 독서 습관을 갖는 것은 평생을 살아가는 힘이 된다. 이제부터라도 우리 아이들이 즐거움을 위해 책을 읽도록 이끌어주면 어떨까? 읽기는 배움을 위한 가장 기본적인 발판이고 책은 읽기를 향상시키는 중요한 수단이다. 책은 새로운 세상을 모두에게 공평하게 열어주는 위대한 매개체다. 초등학교 3학년생이 읽기를 배우고 사랑하게 만드는 것보다 더 중요한 일이 세상에 어디 있겠는가? 더 늦기 전에 나부터 실천해야 한다. 아이들에게 책을 선물하자! ●

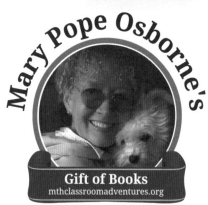

Gift of Books
mthclassroomadventures.org

『매직트리하우스』의 저자 메리 포프 오즈번과 그녀가 뉴어크의
초등학생 4300명에게 기증한 28권짜리 전집[9]

하버드대학
라이언 학장의
5가지 질문

● 최근 여기저기서 강연할 기회가 많다. 내가 알고 있는 지식을 다른 사람에게 전달하는 과정에서 내가 배우는 것이 더 많다. 이런 이유로 강연할 수 있는 기회가 주어지면 거절하지 않고 참석하는데 그 과정에서 질문의 힘에 대해 생각하곤 한다. 강연 마지막에는 항상 질문을 받는데 단체별로 분위기가 사뭇 다르다. 일반화해 말하기 어렵지만 대체로 한국 학생들보다 외국 학생들에게서 더 많은 질문이 나온다.

가장 질문 열기가 뜨거웠던 경우는 외국 학생들을 대상으로 강연했을 때다. 한국을 방문한 외국 학생들을 대상으로 한국의 스타트업 생태계에 대해 네댓 번쯤 강연했다. 미국, 싱가포르에서 온 수십 명의 학생들, 세계 각국에서 스타트업 프로젝트를 조사하러 온 100여 명의 외국인들 앞에서 어눌한 영어로 강연을 하고 질문을 받았다. 질문을 받는다는 말이 떨어지기가 무섭게 여기저기서 손을 들더니 강연을 끝마칠 때까지 끝도 없이 질문이 나왔다. 그들은 매우 자연스럽게 자신의 생각을 이야기하면서 궁금한 내용을 물었다.

반면 한국 학생들을 상대로 강연할 때는 분위기가 다르다. 대규모 그룹으로 강연할 경우에 이런 현상이 두드러지는데 질문하라고 하면 잠시 정적이 흐른다. 다른 강사들은 이 순간을 견디지 못해 "질문이 없으면 이만 끝내겠습니다"라고 말하는 경우가 많지만 나는 가능하면 다른 이야기를 하면서 30초에서 1분 정도 기다린다. 그러다 보면 멈칫거리며 질문하는 학생이 나온다. 보통 누군가가 질문을 하면 그다음부터는 봇물 터지듯 한다. 어떤 학교 학생들은 질문이 많고 또 어떤 학교 학생들은 질문이 별로 없다.

한국 학생과 외국 학생들이 반반씩 섞여 있는 단체에서 강연한 적도 몇 번 있다. 질문은 외국인 학생들이 도맡아 했다. 강연이 끝나고 한국 학생들이 나를 쫓아와 강연 잘 들었다고 인사하며 질문이 있다고 말했다. 왜 아까는 질문하지 않았느냐고 물었더니 영어를 잘 못하고 자기가 너무 유치한 질문을 하는 것이 아닐까 걱정됐다고 한다. 영어와 질문은 많이 해봐야 느는 것이니 다음부터는 용감하게 질문하라고 조언해줬다.

기업 강연을 가면 보수적인 조직일수록 질문이 없다. 전통 산업보다 새로운 분야에 종사하고 젊은 직원이 많을수록 질문을 많이 한다. 전통 산업에 종사하는 오래된 회사일수록, 강연 대상자들이 중년남자 일색일수록 질문이 나오지 않는다. 그들은 머리가 굳어버린 것일까. 어쩌다 질문을 하는 경우에도 그 자리에서 가장 직급이 높은 사람이 한다. 사장이 먼저 질문해야 옆에 있는 임원들이 따라서 질문하는 경우도 있다.

외국에서 열리는 콘퍼런스에 가면 일방적인 강연보다는 패널토론 위주로 구성되어 있는 경우가 많다. 그들은 일방적인 강연보다는 대화를 중시한다. 외국에서 일해보면 회의에서 아무 말도 안 하고 시키는 일만 하는 사람보다는 적절하게 질문을 하면서 상사와 동료가 원하는 방향으로 일하는 사람이 높은 평가를 받는다. 질문하지 않는 문화에서 성장한 한국인의 글로벌 경쟁력이 떨어지는 이유가 여기 있다.

고백건대 나도 내성적인 나머지 자라면서 질문을 전혀 하지 않았다. 기자가 된 이후에는 기사를 쓰기 위해 취재원과 일대일로 질문을 주고받았지만 기자 회견장처럼 많은 사람이 모인 곳에서는 거의 질문하지 않았다. 질문을 하는 것이 창피하기도 했고 질문거리가 생각나지 않기도 했다. 이런 내 성향은 작은 회사의 CEO가 되고 다음커뮤니케이션에서 조직의 리더를 맡으며 SNS를 자주하면서 크게 바뀌었다.

질문을 하고 질문에 답하면서 더 많이 배우고 생각을 키울 수 있다는 사실을 깨닫게 됐다. 질의응답을 주고받으면서 일방적으로 내 생각을 상대에게 전달하는 데서 벗어나 다른 사람들이 어떤 생각을 하는지를 알 수 있게 됐다. 어려운 질문에 답하는 과정에서 생각을 키울 수도 있었다.

좋은 질문은 관심과 준비를 통해 나온다. 때로 콘퍼런스나 세미나에서 사회자 역할을 하면서 다른 사람들에게 질문하는 역할을 맡는다. 이 경우 사전에 다른 사람들이 발표할 내용을 검토하고 주제와 관련된 자료를 찾아보면서 공부한다. 이처럼 좋은 질문은 준비를 해야 나온다. 대화할 때 관심을 갖고 상대의 이야기에 귀를 기울여야 맥락에 맞는 질문을 할 수 있다.

내 경험에 비춰볼 때 가장 질문을 잘하고 많이 하는 사람은 이스라엘 사람이었다. 그들은 뭐든지 궁금한 것이 있으면 그 자리에서 물었다. 무례하게 보여도 전혀 개의치 않았다. 항상 의문을 갖고 진리를 탐구하는 비판적 사고는 질문에서 시작된다. 그런 과정에서 창의적인 아이디어가 나온다.

영화 〈빅쇼트(the Big Short)〉에서 스티브 카렐이 연기한 펀드매니저 마크 바움이란 인물을 유심히 본 적이 있다. 서브프라임 모기지에 대해 끊임없이 의심하고 질문을 던지는 그의 모습을 보면서 '전형적인 유대인'이라는 생각이 들었다. 학교는 물론 가정의 밥상머리에서부터 끊임없이 질문을 던지는 교육을 받으며 성장한 유대인 가운데 성공하는 사람들이 많은 것은 결코 우연이 아니다.

모 강연에서 질문의 중요성에 대해 말하자 어떤 분이 자기 딸 이야기를 들려줬다. 초등학생 딸이 유난히 질문이 많은데 담임 선생님으로부터 "따님이 질문을 너무 많이 해서 학습 진도를 나가는 데 방해가 됩니다. 집에서 주의를 시켜주실 것을 부탁드립니다"는 말까지 들었단다. 너무 충격을 받은 그분은 아이를 제주도의 국제학교로 전학시켰다고 한다. 우리 국민의 창의력을 향상시키려면 가장 먼저 학교와 직장에서 질문하는 문화를 조성해야 한다.

하버드교육대학원 제임스 라이언 학장의 2016년 졸업식 축사가 큰 화제를 모은 바 있다. 축사를 준비하면서 학생들에게 어떤 조언을 해야 좋을까 고민하던 라이언 학장은 질문을 주제로 삼았다. 어린 시절부터 평생 질문하기를 좋아했던 그가 다룰 만한 내용이었다. 그는 인생에 꼭 필요한 다섯 가지 질문을 생각해 냈고 자신의 생각을 진솔하게 들려줬는데 상상을 초월하는 반응을 얻었다. 라이언 학장의 축사 동영상은 800만 뷰의 조회수를 기록했고 급기야 1년 후에 그는 이 내용을 주제로 책까지 펴냈다. 나도 이 다섯 가지 질문이 꼭 필요하다는 그의 생각에 동의한다.[10]

첫째, "잠깐 기다려봐, 뭐라고(Wait, What)?"

우리는 항상 누군가의 이야기를 듣는다. 하지만 100퍼센트 주의를 기울이기는 쉽지 않다. 잠깐 한눈을 팔면 놓치는 부분이 있을 수 있다. 아니면 상대가 너무 빨리 말하거나 어려운 내용을 말해서 이해하지 못하는 경우도 있다. 상대의 말을 이해하지 못했는데도 많은 경우 창피하거나 중요하지 않다고 생각해 그냥 넘어간다. 특히 영어로 대화할 때 이런 일이 자주 일어난다. "잠깐 기다려봐, 뭐라고?"라는 질문은 이럴 경우 꼭 다시 물어 확인하라는 것이다. 천천히 이야기해달라고 주문하라는 것이다. 이렇게 해야 제대로 이해할 수 있다. 제대로 이해하는 것이 모든 것의 시작이다.

둘째, "이건 뭐지(I Wonder……)?"

이는 항상 궁금해하라는 뜻이다. 상대에 대한 말이어도 좋고

자문자답이어도 좋다. "왜 이런 규제가 있는 거지?", "왜 이건 이렇게 하는 거지?" 하면서 계속 궁금해해야 한다. 호기심을 가져야 뭔가를 탐구하면서 대화를 지속해나갈 수 있다.

셋째, "적어도 이렇게 해볼 수 있는 것 아냐(Couldn't We At Least……)?"

"이렇게 해보면 어때?" 하는 식으로 조그만 가능성만 있어도 시도해볼 것을 요구하라는 뜻이다. 끝까지 포기하지 말고 말이다. 이 질문이 바로 뭔가 조금이라도 성과를 만들어내는 시발점이 된다.

넷째, "내가 어떻게 도울 수 있을까(How Can I Help)?"

상대를 어떻게 도울 수 있을지 항상 생각하고 질문한다. 중요한 것은 내 입장이 아니고 상대의 입장에서 무엇이 필요한지 겸손하게 생각해보는 일이다. 이 질문은 상대와 좋은 관계를 쌓아나가는 데 매우 중요한 요소다. 이렇게 질문하다 보면 오히려 상대가 나를 도와준다.

다섯째, 정말로 중요한 것은 뭘까(What Truly Matters)?"

이는 상대뿐 아니라 스스로에 대한 것이다. 궁극적으로 이 질문은 "왜?"와 관련이 있다. 나는 이 일을 왜 하는가. 내 인생의 참된 가치는 어디에 있는가. 이런 질문을 이해하고 생각을 발전시키다 보면 인생도, 일도 중심을 잡고 살아갈 수 있다.

라이언 학장은 보너스라고 하면서 마지막으로 "여러 가지 고

난과 역경 속에서도 인생에서 원하는 것을 얻었는가(And Did You Get What You Wanted From This Life, Even So)?"라는 자신에 대한 질문을 소개한다. 이 질문에 대한 답은 "그렇다"이어야 하며 인생의 목표는 사람들에게 사랑과 존경을 받고 나누는 삶이어야 한다는 말로 강연을 마무리했다.

모든 것에 질문을 던져라. 질문은 중요하다. 질문을 하는 습관을 길러야 평생 뭔가를 배우며 살 수 있다. 그리고 훌륭한 사람과 좋은 관계를 맺으며 교류할 수 있다. ●

3장
business

더 스마트하게,
더 효율적으로

**출장을 바꾼
우버와 에어비앤비**

● UC버클리에서 열리는 벤처캐피털딜캠프(Venture Capital Deal Camp)에 참석하기 위해 2017년 2월에 실리콘밸리를 다녀왔다. 딜캠프는 초기 투자에 관심 있는 투자자를 대상으로 진행되는 교육 프로그램이다. 매번 갈 때마다 실리콘밸리의 혁신력은 더욱 강해지는 것 같다. 각종 혁신 서비스가 일상생활 곳곳에 침투되고 활발한 실험이 이뤄지기 때문이다.

대표적으로 2015년부터 내 미국 출장의 패턴이 바뀌었다. 우선 렌터카를 빌리는 대신 우버를 이용한다. 과거에는 떠나기 며칠 전에 미리 렌터카를 예약해뒀다. 미국 공항 입국장에 도착해 렌터카 사무실까지 셔틀버스를 타고 가서 복잡한 서류를 작성한 뒤 사인하고 차를 인도받는다. 보통은 이 과정에 한 시간쯤 걸린다. 차를 쓰고 나서 기름을 채워 반납하면 단 며칠을 써도 몇백 달러의 비용이 든다. 이런 과정이 이제 필요 없게 됐다. 스마트폰을 꺼내 우버 앱으로 행선지를 입력하고 차를 부르면 된다. 이번 출장에서는 공항 입국장에서 나오면서 차를 불렀는데 2분 만에 차가 도착하는 바람에 황급히 뛰어가야 했다.

우버의 앱 디자인이 달라진 것도 눈에 띄었다. 행선지를 입력하면 혼자서 타고 가는 방법(우버엑스)과 다른 사람과 합승하는 방법(우버풀)에 따라 요금과 도착 시간을 비교해 보여준다. 공항에서 실리콘밸리의 팰러앨토까지 가는 데 합승을 하면 혼자 타는 것보다 10여 분이 더 걸리지만 비용은 10달러 이상 저렴하다. 이번에는 시간 여유가 있어 우버풀을 선택했는데 중간에 다른 사람을 태웠지만 택시를 이용하면 족히 100달러는 줘야 할 거리를 28달러에 갈 수 있었다.

우버는 이제 실리콘밸리 사람들의 일상에 완전히 자리 잡았다. 운전자도, 승객도 더 이상 우버를 신기해하지 않는다. 실리콘밸리의 온라인 교육 사이트 브라이트스톰을 창업해 교사와 학생들로부터 인기를 얻고 있는 김범수 대표는, "우버 덕분에 저녁에 술 약속이 있을 때 너무 편해졌다. 음주운전을 하는 사람들이 많

실리콘밸리 사람들의 일상에 완전히 자리 잡은 우버의 샌프란시
스코 본사(위)와 에어비앤비 본사(아래) 로비

이 줄었다"고 말했다. 더 이상 실리콘밸리에서 우버가 거품이라고 말하는 사람도 없다. 최근 전직 직원의 성희롱 고발과 알파벳의 자율주행차 개발 부문 웨이모의 소송 등 갖은 스캔들이 끊이지 않지만 우버의 성장세만큼은 정말 감탄스럽다.

2014년 6월 샌프란시스코로 이사한 지 얼마 안 된 우버 본사를 방문한 적 있다. 당시 우버의 대외 담당자가 전 세계에 있는 우버 직원이 900명쯤 된다고 해서 앱 하나를 만드는 데 정말 많은 직원이 참여하고 있다고 생각했다. 지난 2017년 2월에 가보니 샌프란시스코에 있는 20층짜리 빌딩 전체를 쓰고 추가로 샌프란시스코와 오클랜드에 사옥을 짓고 있다고 했다.

직원 수가 몇 명이냐고 물었더니 1만 2000명쯤 된다고 했다. 3년도 채 안 돼 1만 명 이상 늘어난 것이다(2018년 4월 현재 우버 직원 수는 1만 6000명이다). 그중 엔지니어가 4000명쯤 된다고 한다. 이런 우버를 택시나 부르는 온라인투오프라인(O2O) 회사라고 과소평가해서는 안 된다. 우버는 향후 구글, 페이스북 못지않은 회사가 될 수 있다.

내 출장의 패턴을 바꾼 또 다른 하나는 에어비앤비다. 실리콘밸리의 중심지 팰러앨토에 묵으려고 하니 웬만한 호텔은 1박에 400달러가 넘었다. 한국 돈으로 하룻밤에 50만 원이 넘는 수준이었다. 교통이 불편한 곳에 위치한 허름한 모텔도 1박에 200달러가 넘었다. 고심 끝에 에어비앤비를 검색해 다운타운에서 걸어서 7분 거리에 있는 조용한 집의 방 한 칸을 빌렸다. 집주인은 백인 청년이었는데 친절했고 방도 깨끗했다. 숙박비로 3박에 40만 원 정도 지불했다. 예약하면서 개인 여행이 아니고 비즈니스 출장이라고 했더니 에어비앤비가 지급하는 50달러짜리 쿠폰을 주면서 주변 동료들에게도 널리 알려달라고 했다.

실리콘밸리의 소프트웨어 회사에 다니는 지인은 나를 만나러 전기자동차 테슬라 모델S를 몰고 왔다. 그는 그 차를 몰기 시작한 지 2년이 넘었는데 이제 가솔린엔진 차로는 돌아갈 수 없을 것 같다고 말했다. 회사 주차장에서 차를 충전하기 때문에 주유소에 갈 일이 없는데다 가솔린엔진이 없기 때문에 차를 정비할 일도 없다는 것이다. 혹시 차에 문제가 생겨 테슬라에 전화하면 마치 컴퓨터에 접속하듯 원격으로 차에 접속해 관리해준다. 그는 "이 차에는 도대체 불만을 가질 수가 없어요"라고 말했다.

내가 만난 많은 실리콘밸리 사람들은 자동차도 조만간 스마트폰처럼 될 것이라고 내다봤다. 서울에 있으면 이런 변화를 느끼기 어렵지만 세상은 빠르게 변하고 있다. 우리는 알파고 덕분에 인공지능의 힘을 체감하기 시작했지만 실리콘밸리 회사들은 이미 오래전부터 인공지능에 투자해오고 있다. 무인자동차는 사실 인공지능 자동차라고 할 수 있다. 이런 로봇 자동차들은 이미 실리콘밸리 거리를 활보하며 데이터를 축적하고 있다. 무인자동차는 우리의 예상보다 훨씬 빨리 상용화될 수 있다. 아이폰이 출시된 지 불과 10년도 안 돼 전 세계인의 상당수가 스마트폰을 쓰게 된 것을 생각해보자.

이밖에도 실리콘밸리는 새로운 스타트업의 실험장 같다. 팰러앨토 중심에 있는 '베타'라는 가게는 미국 크라우드펀딩 사이트 킥스타터(Kickstarter.com)나 인디고고(Indiegogo.com)에 나온 신기한 제품만 모아서 파는 곳이다. 새로 생긴 초밥 집에 갔더니 좌석마다 태블릿을 비치해두고 그것을 통해서만 음식을 주문하도록 되어 있었다. 기다리는 사람들은 웨이트리스트미(Waitlist.Me)라는 앱을 이용해 태블릿에 등록하고 문자 메시지로 대기번호를 받았다. 업무를 원격으로 처리할 수 있도록 도와주는 텔레프레전스 로봇 '빔(Beam)'을 파는 팰러앨토 무인 매장에는 구경하러 온 사람들이 제법 있었다. 샌프란시스코 곳곳에는 스마트폰 앱으로 30분에 3달러를 내고 빌려 타는 전동 스쿠터가 있었다. 타보고 싶었는데 그날 비가 와서 위험할 것 같아 포기했다.

애플 본사가 있는 쿠퍼티노는 내가 살던 때보다 인도계 인구가 더욱 늘어나 있었다. 트럼프의 반이민 정책이 실리콘밸리에 영향을 미치는 것도 사실이다. 엔지니어를 해외에서 조달해온 많은 실리콘밸리 회사들이 이 점을 우려하고 있다. 취업 비자 상태인 사람들이나 학교를 졸업하고 임시 취업 비자로 인턴으로 일하며 구직 중인 사람들은 미래가 불확실하다.

하지만 실리콘밸리의 투자 생태계 자체는 계속 확장되고 더욱 견고해질 전망이다. 중동의 오일 달러와 중국의 자본 등이 실리콘밸리 생태계로 계속 몰려들고 기존 IT 기업 이외에도 제너럴 모터스, 유니레버 같은 전통 기업들이 스타트업 인수에 적극적으로 나서고 있기 때문이다.

이런 분위기에 힘입어 지금까지 1600여 개의 스타트업에 투자한 실리콘밸리의 대표 엑셀러레이터인 500스타트업스의 데이브 맥클루어 총괄 파트너는 앞으로 4~5년 후에는 연간 1만 개의 스타트업에 투자할 것이라고 호언장담했다. 세계적으로 스타트업 폭발 현상이 일어날 것이기 때문이다. 사진과 동영상 공유 서비스를 특화한 메신저 '스냅챗'의 모기업 스냅이 25조 원 규모로 상장한 것도 큰 관심을 모았다. 스냅이 상장에 성공한다면 기업 가치가 1조 원 이상인 많은 비상장 스타트업 즉, 유니콘 스타트업이 본격적으로 상장에 나설 것이라는 전망이다.

이런 실리콘밸리의 빠른 움직임을 보고 있으면 덜컥 겁이 난다. 사람들은 준비가 안 됐는데 세상은 너무 빨리 변하는 것이 아닌가 싶다. 혁신 속도가 지나치게 빠른 실리콘밸리 회사들로 하여금 자제하도록 해야 하는 것이 아닌가 하는 생각까지 든다. 새로운 것을 시도할 때 걸림돌이 되는 규제가 많은데다 보수적인 대기업 중심의 한국 경제는 이런 변화에 어둡다. 한국 산업계는 다가올 변화에 어떻게 대응할 것인가. 이미 늦은 것은 아닌가. 실리콘밸리에 갈 때마다 이런 걱정이 깊어진다. ●

우리가 다
처리할 수 있습니다

● 지난 2015년 2월 오랫동안 미국의 동부와 서부에서 산 동포들을 서울에서 각각 점심과 저녁에 연달아 만난 일이 있다. 그분들과 한국의 비즈니스 문화에 대해 이런저런 이야기를 하면서 느낀 점이 몇 가지 있다.

점심에 만난 분들은 2015 라스베이거스 CES에서 인사를 나눈 사람들이었다. 전자제품을 기획해 한국에서 제작한 다음 미국에서 유통하는 일을 오랫동안 해왔는데 이제는 한국 대신 중국 주하이와 선전의 업체들과 일한다고 했다. 그분들은 한국 회사들과 일하면서 몇몇 부분에서 다소 안타까웠다고 말했다.

"한국 거래처와 일할 때 자주 듣는 말이 있습니다. 그것은 바로 '우리가 다 처리할 수 있습니다'라는 말입니다. 한 업체에서 모든 공정을 소화하는 것은 무리인데도 다 할 수 있다고 고집을 부립니다. 다른 업체에 일감을 나눠주는 걸 질색합니다. 결국 그 업체에 모든 일감을 다 주었는데 납기를 일주일 남겨놓고 기한 내에 완성하기 어려울 것 같다고 해서 사고가 터집니다. 부랴부랴 한국에 와서 간신히 문제를 해결한 적이 몇 번 있습니다. 반면 요즘 중국 업체들과 일해보니 그들은 자신들이 잘하는 것만 합니다. 한 가지에만 집중하는 거죠. PCB(인쇄회로기판)이면 PCB만 하고 나머지는 주변의 협력 업체에 맡기는 식으로 해서 서로 유기적으로 연결되어 있습니다. 그러다 보니 주문량이 아무리 많아도 적절히 나눠서 잘 처리합니다. 요즘은 중국 회사들이 더 합리적이라는 생각이 듭니다."

그분들은 최근 중국 회사들의 성장이 눈부시다고 말했다. 처음 방문했을 때만 해도 직원이 얼마 되지 않는 작은 공장이었는데 1년 후에 가보면 직원이 수십 명, 아니 수백 명이 넘는 회사로 성장해 있는 경우가 많다는 것이다.

저녁에 만난 분은 샌프란시스코에서 자라서 현지 인터넷 회사에서 일하다가 30년 만에 귀국해 한국 회사에서 일하고 있었다. 한국에 대해 배우고 조국에 공헌하고자 온 그가 미국에서 담당한 업무는 주로 사업개발이었다. 그런데 한국에서 일하기 시작하면서 여러 가지 문화적 충격을 경험했다고 한다.

"미국에서 제가 평생 동안 배우고 실천한 기업 간의 파트너십 개념과 한국에서의 파트너십 개념이 완전히 다른 것 같아 깜짝 놀랐습니다. 미국에서 파트너십이란 장기적인 관계입니다. 그렇기 때문에 서로에게 도움이 되어야 하고 나의 성공이 파트너의 성공으로 이어져야 합니다. 저는 항상 파트너십 관계를 맺을 때 '내가 저 회사를 어떻게 도와줄 수 있을까'를 생각했습니다. 그것이 바로 장기적으로 성공적인 파트너십을 맺는 방법이기 때문입니다.

그런데 한국에 와서 경험한 파트너십은 뭐랄까 승자독식에 가까웠습니다. 단방향입니다. 규모가 크고 사회적으로 영향력이 있는 회사는 더 작은 회사에 압력을 행사하는 것입니다. 작은 회사의 입장을 봐주지 않고 큰 회사가 얻을 수 있는 최대한의 이익을 취하려 합니다. 물론 미국에도 이런 회사들이 없다고 할 수는 없겠지만 적어도 작은 회사들이 성장할 수 있는 기회는 줍니다.

한국 기업처럼 한다면 생태계가 형성되지 않습니다. 마치 텅 빈 연못에 큰 물고기 한 마리만 남아 있는 것 같은 모양새입니다. 더 많은 큰 물고기가 나올 수 있는 여지가 없는 것입니다. 이런 파트너십 문화를 보고 깜짝 놀랐습니다."

나는 그에게 그것이 바로 한국 특유의 '갑을관계'라고 설명해

각종 사물인터넷 제품을 만드는 애트스마트라는 선전 회사. 설립된 지 1년 남짓 됐는데 직원이 50명쯤 된다(위). 2015년 CES에 참가한 선전 회사의 부스. 참가 비용으로 수만 달러를 투자했다고 한다(아래).

줬다. 그의 이야기를 듣고 나는 한국의 비즈니스 문화가 대기업부터 중소기업 그리고 자영업자들까지 포함해 '상생'을 잘 모른다는 생각이 들었다. 치열한 경쟁 사회에서 자란 탓일까. 상대에 대한 배려보다는 경쟁자를 딛고 올라서야 한다고 배운 탓일까.

자신이 잘하지 못하고 부족한 부분은 직접 하지 말고 외부 회사의 제품이나 서비스를 제값 주고 구입해서 쓰면 되는데 한국에서는 그렇게 하지 않는 회사들이 너무 많다. 어쩌다 필요해서 외부 서비스를 받을 때도 필요 이상으로 그 대가를 깎으려는 경우가 많다. IT 프로젝트 하청을 주면 최대한 가격을 많이 깎은 담당자가 칭찬을 받는다. 내 경험에 비춰보면 같이 프로젝트를 하게 될 을 회사의 입장을 배려해주는 경우는 많지 않았다.

반면 라이코스에서는 핵심이 되는 일 이외에는 모두 돈을 주고 외부 서비스를 이용했다. 급여 처리 서비스, HR 서비스, 각종 IT 서비스 등 영역별로 다양한 서비스를 제공하는 회사들이 여기저기 숨어 있다. 작은 회사라고 절대 차별하지 않고 정해진 가격대로 대금을 지급했다.

한번은 직원들에게 서비스 이용료가 너무 비싼 것 같다고 깎을 수 없냐고 물어본 적이 있다. 그랬더니 원래 그런 서비스에는 그 정도 비용을 지불해야 한다는 대답이 돌아왔다. 심지어 대금을 늦게 주는 일도 절대 없다. 웬만한 서비스에는 한 달 주기로 대금을 지급한다. 대금 지급이 늦으면 회사 신용도가 떨어지기 때문에 재무팀장은 제때 지급하기 위해 신경을 곤두세웠다.

이런 문화가 자리 잡고 있기 때문에 수많은 미국의 스타트업들이 의미 있는 틈새 제품과 서비스를 만들어 대기업에게 판매하면서 중견기업으로 성장할 수 있는 것이다. 그렇게 성장한 기업들은 또 상대 기업의 제품과 서비스를 구입한다. 그야말로 상생의 생태계가 형성되어 있는 것이다.

놀랍게도 최근 중국에서도 이런 상생의 생태계가 만들어지고 있다. 지난 2015년 처음 가본 CES에는 1000개에 가까운 중국 회사들이 참가해 전 세계를 놀라게 했다. 2018년 CES에는 약 1400개의 중국 회사들이 참가해 CES가 '차이나 전자쇼'라는 말까지 나왔다. 이 모든 것이 바로 상생의 생태계가 조성됐기 때문에 가능한 일이 아닐까.

반면 한국 회사들은 뭐든지 다 직접 하려고 한다. 과실이 있으면 나누지 않고 독식하는 구조다. 그룹 내에서 웬만한 것은 모두 해결하는 경우도 많다. 두둑한 마진을 챙겨주는 거래 회사들은 오너와 관련이 있는 회사인 경우가 많다. 하청으로 먹고사는 작은 회사들은 대기업 눈치를 볼 수밖에 없는 구조다. 심지어는 정부조차 작은 회사들이 다루는 인터넷 서비스, 소프트웨어나 앱을 직접 만들어 보급하는 경우가 많다. 이래서는 작은 회사에게 기회가 돌아가기 힘들다. 몇몇 대기업 집단을 제외한 대다수 기업은 성장하기가 힘들다.

승자독식의 문화가 바뀌어야 한국에서도 강소기업이 탄생할 수 있다. 크고 작은 건강한 물고기들이 가득 찬 아름다운 연못 같은 기업 생태계를 만들어야 한다. 나는 '상생'이라는 말을 많이 듣기는 했지만 미국에서 온 분들과 이야기하면서 그 의미와 중요성을 절실하게 깨달았다. ●

디즈니에서
50년 근속한 페기

● 어학연수를 위해 내가 처음 미국에 갔을 때 만나 25년 이상 알고 지내는 미국인 페기 페리스가 2016년 UCLA 평생교육원(Extension) 졸업식 기조연설자로 나섰다. 페기는 내게 미국인에 대한 좋은 인상을 심어준 인물이다. 미디어를 통해 갖게 된 미국인에 대한 선입견을 깨뜨려줬다고 할까. 워낙 좋아하고 존경하는 분인데 졸업식 연설을 듣고 큰 감동을 받았다.

페기는 디즈니에서 50년간 일했다. 미국인은 수시로 직장을 옮기는 것이 일반적이라고 생각했는데 페기를 통해 꼭 그렇지도

Peggie Fariss
Keynote Speaker

UCLA 평생교육원 졸업식에서 기조연설을 하는 페기.[11] 아래는
2015년 프랑스 파리에서 만나 이야기를 나누는 모습

않다는 사실을 알게 됐다. 페기는 캘리포니아 주의 애너하임에서 고등학교를 졸업하고 1965년, 동네에 있는 디즈니랜드 스토리북라이드에서 아르바이트를 시작했다. 손님들이 보트에 타면 마이크로 라이드에 대해 설명하고 안전하게 놀이기구를 즐길 수 있도록 안내하는 일이었다. 이후 페기는 캘리포니아주립대학 영문학과를 다니면서 디즈니랜드에서 계속 아르바이트를 해 디즈니와의 인연을 이어나갔다.

그렇다고 그녀가 디즈니에서 근무하는 과정이 순탄하기만 했던 것은 아니다. 여러 번 좌절을 경험했지만 그때마다 새로운 기회로 이어졌다. 페기는 디즈니에서 아르바이트를 하면서 매년 디즈니랜드 앰버서더 프로그램에 도전했다. 그녀는 디즈니랜드 홍보 대사를 뽑는 이 프로그램에 세 번 도전했지만 끝내 선발되지 못했다. 하지만 그 과정에서 몇몇 디즈니 사람들의 눈에 들어 플로리다에 이제 막 건설하기 시작한 월트디즈니월드 프로젝트에 참여할 수 있었다.

이후 플로리다 월트디즈니월드에서 일하다 구조조정을 당했다. 하지만 또다시 기회를 얻어 월트디즈니 이미지니어링(Walt Disney Imagineering)에서 기업 협력 업무를 맡게 됐다. 디즈니랜드의 놀이기구를 자세히 살펴보면 코카콜라, 제록스, 코닥, AT&T 등 스폰서 회사들의 이름이 적혀 있는데 이런 회사들을 끌어모으고 관계를 유지하는 것이 페기가 하는 일이었다. 파리, 도쿄,

홍콩 등 새로운 디즈니랜드 테마파크가 오픈할 때마다 그녀는 할 일이 늘었다. 한마디로 회사와 함께 성장해간 것이다.

페기는 다른 사람들은 은퇴할 때인 환갑을 넘긴 나이에 또 다른 새로운 일을 맡았다. 2010년 그녀는 회사로부터 파리 디즈니랜드 이미지니어링을 총괄하는 일을 맡아달라는 요청을 받았다. 캘리포니아 토박이로 평생 캘리포니아와 플로리다를 오가며 일한 페기에게 낯선 나라로 이주해 이방인들로 구성된 팀을 맡는 것은 쉽지 않은 일이었다. 대개 그 나이에는 거절하고 편안한 삶을 택하지만 호기심이 넘치는 페기는 새로운 도전으로 받아들였다. 그리고 5년간의 파리 근무를 성공적으로 마치고 2016년 초 캘리포니아로 돌아온 그녀는 동료들의 축하 속에 50년 근속상을 받고 디즈니를 퇴사했다.

내가 페기에게 감동한 점은 호기심을 가지고 끊임없이 배우려는 자세다. 페기는 무엇보다 책을 좋아했다. 그녀는 처음 만난 내게 동네 도서관 이용법부터 가르쳐줬다. 책을 손에서 놓지 않고 출퇴근 시에는 항상 차에서 오디오북을 듣는다. 그녀의 자동차 트렁크 안에는 항상 오디오북이 여러 권이 비치되어 있었다. 주말에는 《뉴욕타임스》 등 신문 북리뷰를 정독한다. 나는 10년 전에 처음 킨들이 발매되자마자 그녀에게 선물했는데 1년 후에 만났을 때는 전자책을 70권쯤 구매했다고 해서 깜짝 놀라기도 했다. 파리에 가서도 지인들과 독서클럽을 조직했을 정도다.

폐기는 또 업무에서 난제에 직면하면 피하지 않고 정면 돌파한다. 22년 전 새로 맡은 업무에서 IRR, NPV 등 온통 알 수 없는 재무 관련 용어를 접한 그녀는 UCLA 평생교육원에 등록해 주말마다 금융 수업을 받으며 재무 지식을 익혔다. 거기에 재미를 붙인 폐기는 이후 UCLA 평생교육원에서 프로젝트 매니지먼트 등 업무와 관련된 각종 비즈니스 강좌를 40개 이상 들었다. 그때 배운 지식을 업무상 어려움을 겪을 때마다 유용하게 이용했다고 한다.

폐기는 디즈니에서 만난 한 남자를 평생 사랑했지만 결혼은 하지 않았다. 그 남자는 폐기가 아르바이트를 시작했을 때 디즈니랜드의 직속상관 매니저로 일하고 있었다. 그들은 이후 50년간 한 동네에서 살면서 부부처럼 지냈다. 둘 다 결혼하지 않고 독신으로 지냈는데 결혼하지 않고도 행복한 보기 드문 커플이다.

폐기는 엘리트는 아니다. 아이비리그를 졸업하고 월가 은행이나 최고의 컨설팅 회사에서 일하다 명문 비즈니스스쿨에서 MBA를 받고 고위 임원으로 재직하며 CEO가 되기 위해 달리는 그런 인물은 아니다. 미국 중산층 가정 출신으로 평범한 주립대학을 나와 자신의 일에 감사하면서 하루하루 살아가는 전형적인 미국인이다. 디즈니에서 긍정적인 자세로 열심히 일하다 보니 계속해서 기회가 찾아왔고 50년 근속을 하게 된 것이다. 얼핏 회사를 옮기지 않았으니 안정된 생활을 추구한 것처럼 보일 수 있지만 그 안에서 끊임없이 새로운 직무를 맡아 도전하는 삶을 살았다. 그녀는 자신의 커리어를 '우연한 커리어(Accidental Career)'라고 말하며 다음과 같은 말로 연설을 끝맺었다.

"호기심이 당신을 미지의 세계로 인도하길 바랍니다. 당신이 안정적인 자리를 떠나 흥미로운 사람들과 일하며 열정을 좇는 인생을 살 수 있도록 용기를 갖길 바랍니다."

UCLA 평생교육원 졸업식에서 페기의 연설은 디즈니에서의 그녀의 커리어를 상징하듯 설득력 있고 유쾌하고 재미있었다. 그녀의 연설에는 열정적이고 밝고 쾌활한 페기의 성격이 그대로 녹아들어 있었다. 그녀는 스토리텔링을 어떻게 해야 하는지 잘 알고 있으며 유려한 글 솜씨를 갖고 있다. 여러모로 배울 점이 많은 사람이다. ●

조정 경기로 본
미국 회사의 경영 방식

● 미국 회사와 일본 회사가 세인트로렌스 강에서 카누 경기를 하기로 했다. 양 팀은 경기를 앞두고 최고의 실력을 발휘하기 위해 고된 훈련도 마다하지 않았다. 경기 당일 일본 팀이 미국을 1마일 차이로 이겼다. 크게 실망하고 사기가 떨어진 미국 팀은 이런 참패를 당한 이유를 알아보기로 했다. 고위 임원들로 구성된 매니지먼트 팀을 꾸려 참패 원인을 조사하고 적절한 대책을 마련하기로 했다.

논의 끝에 매니지먼트 팀이 내린 결론은 일본 팀은 8명이 노를 젓고 1명이 키를 조정하는 타수를 맡은 데 반해 미국 팀은 8명이 타수(Steering)를 맡고 1명만 노를 저은 것이었다. 미국 팀의 경영진은 컨설팅 회사를 고용해 거액을 지불하고 추가 의견을 들어보기로 했다. 컨설팅 회사는 미국 팀에서 너무 많은 사람이 타수를 맡았고 노를 젓는 사람은 충분하지 않았다고 진단했다.

이후 일본 팀에게 또다시 패하지 않기 위해 미국 팀은 구조를 완전히 재정비했다. 4명의 타수 관리자(Steering Supervisors), 3명의 지역 타수 관리자(Area Steering Superintendents) 그리고 1명의 보조감독 타수 관리자(Assistant Superintendents Streering Manager)로 팀의 구조를 바꾸었다. 그들은 또 새로운 성과 평가 시스템을 도입해 노를 젓는 선수가 열심히 하면 그에게는 더 많은 보상을 해주기로 했다. 그리고 이 시스템을 '조정팀품질제일프로그램(Rowing Team Quality First Program)'이라고 명명했다.

이후 미국 팀은 수차례 미팅을 갖고 저녁식사를 함께했으며 노를 젓는 선수에게는 팀의 로고가 들어간 멋진 펜이 기념품으로 주어졌다. 새로운 노와 카누, 기타 장비의 구입과 연습한 만큼 휴가를 주고 보너스를 지급하는 것에 대한 논의가 있었다.

다음해에 열린 경기에서 또다시 일본 팀은 미국 팀을 2마일 차이로 이겼다. 모욕적인 패배를 당한 미국 팀의 경영진은 성과가 나쁘다는 이유로 노 젓는 선수를 모두 해고했다. 새로운 카누 개발을 중단했으며 노를 매각하고 새로운 장비에 대한 투자를 전면 중단했다. 남은 돈은 고위 임원들에게 보너스로 지급됐고 조정 팀은 다음해에 인도에 아웃소싱하기로 결정했다.[12]

*　*　*

과거 미국 인터넷 커뮤니티에서 화제가 된 패러디 글인데 재미있어서 번역해봤다. 누가 썼는지 모르겠지만 컨설팅 회사에 의존하고, 지나친 구조조정을 일삼고, 자신들의 보너스는 어떤 경우에도 두둑하게 챙겨가는 미국 회사의 고위 임원들을 비꼬는 글이다. 미국 회사 경영법의 정곡을 찌른 부분도 있다. 하지만 단순히 웃고 넘어갈 만한 내용은 아니다. 여기에는 미국 회사가 잘나가고 세계 최고의 경쟁력을 유지하는 비밀이 숨어 있기 때문이다.

위의 글에서 현실과 다른 부분이 있다면 실제 현장에서는 노를 젓는 사람을 늘리고 타수를 적정하게 배분하는 구조조정이 이뤄질 것이란 점이다. 그에 따라 성과에 기여한 만큼 적절한 보상 체계가 마련될 것이다. 이기기 위해서라면 국적을 불문하고 훌륭한 선수를 스카우트해올 것이고, 최고의 성과를 올릴 수 있는 카누와 노 등을 연구해 구입할 것이다. 그저 성실하게 게임에 임하는 일본 팀은 결국 이렇듯 체계적인 방법으로 경기력을 향상시키는 미국 팀에게 추월당하고 말 것이다.

지난 2016년에 브라질 리우데자네이루에서 열린 올림픽만 봐도 그렇다. 무능하고 탐욕스러운 지도부가 미국 팀을 이끌었다면 좋은 성과를 거두지 못했겠지만 실제로는 메달을 무더기로 휩쓸어 압도적인 1위를 차지했다.

한국 팀은 어떨까? 상상해보자. 조정에 대한 지식이 없는 문외한이 단장으로 지명되는 낙하산 인사가 이뤄진다. 1~2년마다 단장이 바뀌고 무능력한 사람들이 청탁을 받아 타수로 들어온다. 비싼 장비를 구입했다가 회계 감사를 받고 문제가 된다. 가장 고생하고 공헌도가 큰 선수들에게는 인센티브를 쥐꼬리만큼 주고 회식을 시켜준다고 해서 가보면 메뉴는 김치찌개 정도다. 뛰어난 자질을 갖고 있으며 열심히 노력하는 선수들 덕분에 대회에서 중상위권을 유지하긴 하지만 시간이 지나도 아무것도 바뀌지 않는다.

대충 이런 상황이지 않을까? 내가 너무 비관적인지도 모르지만 말이다. ●

스위스콤
경영진의 방한

　● 모든 기업이 다 그런 것은 아니지만 한국은 지나치게 대기업 회장이나 고위 임원을 제왕처럼 모시는 듯하다. 이런 귀빈이 행사에 참석하거나 출장을 간다고 하면 밑에 있는 사람들은 미리 동선을 짜고 예행연습을 하느라 녹초가 된다. 쓸데없는 일에 신경 쓰느라 진짜 해야 할 일을 하지 못하는 것이다. 의전에서 실수하면 중요한 업무에서 실수한 것보다 더 큰 인사상의 불이익을 당하는 경우도 있다.

　한국의 의전 문화를 보면서 외국 기업들은 어떨까 생각해봤다. 실리콘밸리 기업들이야 수평적인 문화로 유명한 만큼 의전 문화가 별로 없는 것이 사실이다. 하지만 유럽 대기업들은 한국 회사와 비슷한 면도 있겠다 싶었다. 그러나 얼마 전 한국을 방문한 스위스콤(Swisscom)의 최고경영진을 만나고 나서 꼭 그렇지만은 않다는 사실을 깨달았다.

실리콘밸리에 있는 후배의 소개로 샌프란시스코의 스위스콤 CEO를 알게 됐다. 우리는 이메일로 대화를 시작했는데 스위스콤 CEO와 최고경영진이 한국을 방문할 때 한국의 스타트업도 만나보고 싶다고 했다.

스위스콤이 어떤 기업인가. 스위스 최대 이동통신사로 스위스의 KT 혹은 SKT 같은 기업이다. 2017년 전체 매출은 약 13조 원, 영업이익은 1조 7000억 원에 달하는 공룡 기업이다. 스위스 통신 시장의 60퍼센트 가량을 점유하고 있으며 유선전화, 휴대전화, 브로드밴드, IPTV 서비스까지 제공하고 있다. 구글파이낸스에서 검색해보니 스위스콤은 공개 기업은 아니지만 대략 26조 원 규모의 기업 가치를 보유하고 있었다. 이 정도 규모 회사의 최고경영진이 한국의 작은 스타트업을 만나고 싶다고 해서 다소 의외였다. 어쨌든 후보 스타트업 명단을 작성해 보냈고 2015년 1월 어느 금요일 오후에 스타트업얼라이언스 회의실에서 한국의 스타트업들과 만나기로 약속을 잡았다.

스위스콤 최고경영진과 만나기 전날, 스위스 대사관 만찬에 초대받았다. 그리고 다음날 연륜이 깊은 스위스 대사와 함께 이제 막 한국에 도착한 스위스콤 경영진을 만났다. CEO와 CTO(최고기술책임자), 마케팅 담당 임원, 전략 담당 임원, 이렇게 네 사람이 왔을 뿐 이번 미팅을 조율한 스위스콤 실무자는 없었다. 최소한 수행 비서를 대동하고 올 것이라고 생각했는데 최고경영진만 온 것이다.

스위스콤의 CEO는 한국 방문을 통해 세 가지 목적을 달성하고 싶다고 했다. 첫째, 세계에서 가장 앞서 있다는 한국의 브로드밴드 환경에 대해 배우고 둘째, 모바일 인터넷 서비스는 어떤 것이 출시되어 있는지 살펴보고 마지막으로, 한국 스타트업을 만나보고 싶다고 했다. 급변하는 통신 업계를 고려할 때 스타트업의 혁신을 벤치마킹할 필요가 있다는 주장이었다. 섣불리 스타트업을 인수했다가는 그 혁신을 파괴하게 되는 경우가 많으므로 매우 조심스럽게 접근할 계획이며 이 문제로 많은 고민을 하고 있다는 이야기도 덧붙였다. 그들은 한국의 IT 업계를 배우기 위해 왔기 때문에 KT, 네이버, 카카오, SK플래닛, 삼성전자 등을 방문하는 바쁜 일정을 소화할 예정이라고 했다.

한국 스타트업을 만나는 것은 스위스콤 최고경영진의 출국 직전 마지막 일정으로, 미팅에 앞서 국내 벤처캐피털리스트들과 점심식사를 하기로 했다. 그런데 헬리콥터가 연착되는 바람에 스위스콤 경영진은 약속한 시간보다 한 시간 늦게 도착했다. 구

미의 삼성전자 공장에 다녀오는 길이라고 했는데 이번에도 최고
경영진 네 사람만 움직였을 뿐 따로 수행하는 사람은 없었다. 스
위스 대사관에서 상무관이 나오기는 했는데 그는 따로 연락을
받고 식사 장소에 먼저 와 있었다.

점심식사에 늦을 것 같다는 사실도 다른 사람을 거치지 않고
CTO가 직접 김포 공항에서 내게 전화했다. 그의 전화를 받고
나는 시간을 절약하기 위해 메뉴판을 사진으로 찍어 문자로 보
냈고 햄버거 네 개를 주문해달라는 답변을 받았다. 나와 문자를
주고받은 CTO는 스위스콤에서 CEO 다음으로 서열이 높은 사
람이다. 마침내 업체에서 준비한 차를 타고 스위스콤 최고경영
진이 레스토랑에 도착했다. 그런데 임원 한 사람이 보이지 않아
어디 갔냐고 물었더니 미팅을 마치고 곧바로 공항으로 가야 하
므로 우리 사무실에 짐을 가져다 놓으러 갔다고 했다.

가볍게 식사를 마치고 스타트업얼라이언스 회의실에서 여섯
팀의 스타트업과 면담 자리를 가졌다. 2시 15분부터 20분씩 여
섯 팀을 만나고 늦어도 4시 30분에는 대기하고 있는 차를 타고
공항으로 가야 했다. 여섯 팀 모두에게 공평하게 기회를 줘야 하
므로 2시간 남짓 동안 거의 쉴 틈 없이 발표 세션이 이어졌다.

이들은 공기도 잘 안 통하는 좁은 회의실에서 게으름 피우
지 않고 2시간이 넘는 시간 동안 열심히 발표를 듣고 질문을 했
다. 미팅 끝나자마자 곧바로 미리 준비해둔 차를 타고 공항으로

스위스콤 경영진과 한국 벤처캐피털리스트들의 만남

향했다. 그들은 금요일 밤 비행기를 타고 스위스로 돌아갔으며 CTO는 토요일 오후 2시에 내게 그룹 내 스타트업 담당 임원을 소개하는 메일을 보냈다. 스위스에 도착하자마자 메일을 쓴 것 같았다.

스위스콤 최고경영진의 방한 일정을 지켜보면서 수행 비서와 함께 다니는 것이 더 효율적이지 않을까 하는 생각도 했다. 한편으로 거대 기업의 최고경영진이 거들먹거리지 않고 소박하게 출장 일정을 소화하는 모습이 인상적이기도 했다. 이들을 통해 스위스 사람들이 매우 실용적인 사고방식을 지녔다는 점을 알게 됐다. ●

리더의 공감 능력 결핍

몇 년 전에 한국 대기업에 다니는 후배들과 만나 이야기를 나눈 적이 있다. 그들의 이야기를 들어보니 대기업에는 정말 고약한 임원이 많은 것 같았다. 이유 없이 평일 새벽이나 금요일 저녁에 회의를 잡는 임원. 회의 중에 부하들이 보는 앞에서 사소한 일로 중간 간부에게 면박을 주는 임원. 실행하기 어려운 지시에 대해 납득할 만한 반대 의견을 제시했는데도 자신의 명령에 토를 단다며 책상을 내려치고 고성을 지르는 임원……. 이런 이야기를 들으면 '어떻게 그런 사람들이 임원 자리에 올랐을까' 하는 생각이 든다.

고약한 임원들의 특징은 설득보다는 지위와 권위로 부하를 다루려 한다는 점이다. "내가 너의 상사니까 너는 내 말을 들어야 해"라는 식의 발상이다. 이런 생각을 하는 상사일수록 부하의 입장에서 세상을 바라보고 이해하는 능력이 떨어지기 쉽다.

감성지능(EQ) 이론으로 유명한 미국의 심리학자 대니얼 골먼은 강한 권력을 지닌 리더일수록 공감능력결핍증후군에 빠질 가능성이 높다고 말한다.[13] 지위가 높을수록 솔직한 피드백을 해주는 사람이 줄어들기 때문이다. 조직 사다리의 위로 올라갈수록 아랫사람들이 그를 두려워하며 직언하기를 주저한다. 그 결과 임원들은 부하들의 감정을 이해하지 못하고 갈수록 자기중심적인 세계관에 빠지는 것이다.

골먼에 따르면 공감 능력에는 세 가지가 있다. 타인의 눈높이에서 세상을 바라보는 인지적(Cognitive) 공감 능력, 타인의 감정에 즉시 공감할 줄 아는 감정적(Emotional) 공감 능력 그리고 사람들이 필요로 하는 것이 무엇인지 알아차리고 챙겨줄 줄 아는 감정이입적(Empathic Concern) 공감 능력이 그것이다.

리더들에게 이런 공감 능력이 결핍되는 징후로는 직원들이 납득하기 어려운 목표나 전략 등을 수립하고 강요하거나 직원들이 힘들어하는 이유를 이해하지 못하고 무관심한 태도를 견지하는 것이다. 골먼은 이런 문제를 극복하기 위해서는 리더가 스스로 주변에 솔직한 의견을 제시할 수 있는 조언자 그룹을 두어 사람들의 이야기를 경청해야 한다고 조언한다. 일부러 회사 안을 어슬렁거리며 직원들과 격의 없는 시간을 보내거나 솔직하게 말해도 괜찮은 분위기를 조성하는 리더는 이런 위험에 빠질 가능성이 상대적으로 낮다.

이것은 비단 회사뿐 아니라 크고 작은 조직에서도 자주 벌어지는 일이다. 나도 모시던 상사가 아주 높은 위치로 승진한 뒤로 솔직한 의견을 피력하기 어려웠던 기억이 있다. 리더와 부하 간의 관계를 대통령, 국회의원, 고위 관료와 국민 간의 관계로 바꿔 생각해보자. 조직의 리더에게도 솔직한 피드백을 하기 어려운데 하물며 대통령에게 직언하기는 얼마나 어려울까. 재벌 총수나 대통령이 되어 인의 장막에 둘러싸이게 되면 주위에 솔직하게 이야기하는 사람이 거의 없을 가능성이 높다. 이런 일을 방지하기 위해 노력하지 않으면 기업의 임원이나 권력자는 말단 직원과 국민을 이해하고 배려하기 어렵다.

그런 의미에서 넬슨 만델라는 공감 능력이 탁월한 리더다. 27년간의 감옥 생활을 거치며 그는 세상에 달관했고 상대의 입장에 서는 방법을 터득했다. 그 결과 인종을 초월한 대화합을 이루고 세계 곳곳에 추종자를 거느리게 됐다. 말로만 국민이 원하는 것을 외치고 실제로는 국민 정서를 이해하지 못하는 우리 정치인들도 공감 결핍 장애를 겪지 않았는지 돌아봤으면 한다. ●

이메일
실명제의 기억

● 린다 힐 하버드경영대학원 교수는 2016년 5월 《조선일보》와의 인터뷰에서 천재적인 조직을 만든 리더의 공통점을 다음과 같이 말했다.[14]

"경험이 부족하거나 젊은 직원의 의견도 무시하지 않고 직원들이 자신들의 의견을 말하는 데 불편함을 느끼지 않는 문화를 조성해야 합니다. 치약과 세제 같은 생활용품을 만드는 미국 회사 콜게이트파몰리브(Colgate Palmolive)는 S&P500에 등록된 상장 기업 중

주가 상승률이 가장 높은 그룹에 속합니다. 이름이 널리 알려진 제너럴일렉트릭보다 자본력이나 영업이익률이 더 높은 회사죠. 특이하게도 콜게이트파몰리브의 핵심 가치 중 하나는 '배려'인데 누구든 아이디어를 내도록 장려하고 합리적인 실패를 용인합니다. 2007년 퇴임한 콜게이트파몰리브의 장수 CEO인 루벤 마크는 '리더로서 경영자가 할 일은 직원들의 좋은 아이디어를 이끌어내고 이를 상용화하는 것'이라고 말했습니다.

10여 년 전 인터넷이 막 보급될 때 제가 경영학 수업을 듣는 학생에게 '인터넷 시대에는 어떤 기업이 뜰까요?'라고 물었습니다. 한 학생이 이베이를 추천해주더군요. 제 눈에는 수익 모델이 의심스러운 작은 신생기업에 불과했는데 지금은 어떤가요? 당시 제 상식으로 이베이는 연구 대상이 될 만한 회사가 아니었지만 인터넷 문화에 친숙한 학생의 눈에는 달랐던 겁니다."

비단 천재적인 조직이 아니더라도 새로운 아이디어를 내고 빠르게 실행하는 조직을 만들기 위해서는 직원들의 다양한 아이디어를 경청하고 평등하게 실행하는 리더십이 필요하다. 이와 관련해 20여 년 전 기자 시절의 내 경험을 소개하고자 한다.

1998년 초 나는 《조선일보》 경제과학부 기자로 일하다 사장실로 발령 났다. 회사의 경영 전략 등을 실행하는 부서였는데 내가 막내였다. 인터넷에 밝다고 사장실로 배치된 것이다. 막상 가서 보니 사장실에는 당시 김문순 실장을 위시해 모두 나보다 연배가 높은 대선배들이 있었다. 3년간의 기자생활을 마치고 경영전략 관련 부서로 옮긴 나로서는 어떻게 일해야 할지 몰라 처음에는 이것저것 시키는 대로 했다.

매주 주간업무회의에서 김 실장은 부서원 한 명 한 명에게 일을 잘하고 있는지 확인한 뒤 아이디어가 있으면 내보라고 했다. 막내인 내게도 "뭐 없냐?"고 물었는데 매번 그런 질문을 받다 보니 뭔가 아이디어를 준비해야겠다는 생각이 들었다.

당시 나는 인터넷을 열심히 쓰면서 전 세계인과 소통할 수 있는 통신 수단인 이메일에 매료된 상태였다. 경제과학부 기자 시절이던 1996년 4월에는 미국《USA투데이》부사장과 이메일 인터뷰를 한 적도 있었다. 이메일 인터뷰는 아마 한국 언론 최초였을 것이다.

그런 경험에서 영감을 얻어 독자들이 이메일을 통해 의견이나 각종 제보를 할 수 있으면 좋겠다는 생각을 했다. 보도자료도 이메일로 받으면 훨씬 편리할 것이었다. 기사를 쓰려고 팩스로 받은 보도자료를 가방 가득 넣어가지고 다니는 것도 무척 불편했다. 이메일을 활용할 방안을 고민하던 끝에 기사를 쓴 기자 이름 옆에 이메일 주소를 넣어주면 어떨까 하는 생각에까지 이르렀다. 그리고 회의 시간에 용감하게 그 아이디어를 내놨다. 다만 신문 지면에까지 이메일을 적는 것은 너무 앞서가는 아이디어인 듯싶어 인터넷 기사에만 이메일 주소를 넣자고 제안했다.

당시에는 지금처럼 이메일이 일반화되지 않았고 인터넷도 안 써본 사람이 대부분이었다. 선배 기자들 중에는 이메일을 쓸 줄 모르거나 아예 이메일 주소가 없는 사람도 있었다. 이런 상황에서 모든 기자 이름 옆에 이메일 주소를 넣는 것은 매우 파격적인 아이디어였다. 김 실장이 회의 자리에서 "그게 무슨 필요가 있느냐"며 묵살했더라도 나로서는 아무 불만이 없었을 것이다. 그런데 예상외로 좋은 아이디어라며 호응해주고 실행에 옮길 수 있도록 지원해줬다.

하지만 사장실이 내놓은 아이디어에 편집국장이 반대하고 나섰다. 《뉴욕타임스》도 《아사히신문》도 안 하는 걸 우리가 먼저 할 필요가 있느냐는 의견이었다. 당시 기사에 기자 이메일 주소를 넣은 언론사는 내가 알기로 전 세계 어디에도 없었다. IT 관련 기사에 제한적으로 독자 제보를 위한 이메일 주소를 공개했을 뿐이다. 그런데 김 실장은 내 아이디어를 밀어줬고 결국 사장과 편집국장을 설득하는 데 성공했다. 사장은 한 걸음 더 나아가 아예 신문지면에도 이메일 주소를 표기하자고 했다.

나는 신이 났다. 당시 편집국 기자들의 절반 정도는 이메일 주소가 없었는데 한 사람 한 사람 연락해 직접 이메일 주소를 발급해줬다. 일주일 만에 편집국 전원의 이메일 주소가 마련됐고 1998년 4월 24일 1면 알림기사를 통해 '이메일 실명제'를 실시

'이메일 실명제'를 실시한다고 밝힌 1998년 4월 24일자 《조선일보》 1면(위). 내 사진이 처음 신문 지면에 등장한 《산케이신문》 (아래)

한다고 밝혔다.

실명제를 실시하긴 했지만 당시에는 이메일이 일반화되지 않아 기대했던 것만큼 이메일이 오지 않았다. 오히려 기사에서 잘못된 내용을 지적하는 이메일이 날아와 언짢아하는 선배들도 있었다. 하지만 독자의 의견을 들을 수 있는 이런 새로운 채널을 만들었다는 사실은 회사의 이미지 개선에 크게 기여했다. 모두 신선한 시도라고 칭찬했으며 독자의 반응도 좋았다. 이런 평가에 힘입어 경쟁 신문에서 불과 일주일 만에 우리를 따라 기자 이름 뒤에 이메일 주소를 넣었다. 심지어 몇 개월 후에는 공중파 방송 뉴스도 모두 기자의 이메일 주소를 알리기 시작했다.

나는 여세를 몰아 기자를 소개하는 홈페이지를 만들어야 한다고 아이디어를 냈다. 독자가 기자에게 친근하게 다가설 수 있어야 한다고 생각한 것이다. 얼마 후 나는 편집국 모든 기자의 사진과 프로필을 올린 미니 홈페이지인 '인터넷 편집국'을 만들었다. 당시에는 좋은 홈페이지 편집기가 없던 시절이라 내가 직접 공부해 FTP로 HTML 파일을 편집하고 기자들의 사진을 찍어 올렸다. 이 역시 좋은 반응을 얻었다.

이런 한국 언론의 전향적인 변화에 주목한 일본 신문의 한국 특파원들이 내게 인터뷰를 제안해왔다.《산케이신문》에 내 사진과 함께 인터뷰 기사가 실렸으며 뒤이어《아사히신문》과《마이니치신문》에도 보도됐다. 나는 일본 언론의 긍정적인 반응을 자랑할 겸 기사를 쓰기도 했다.

꽤 오래전 일이라 자세히 기억나지 않지만 사회 초년병이던 나는 정말 신이 나서 일했다. 지금 생각해보면 김문순 실장이 주간업무회의에서 모든 부서원의 의견을 적극적으로 들어줬기 때문에 가능한 일이었다. 애송이 직원의 설익은 아이디어도 무시하지 않고 밀어준 리더가 있어서 나는 즐겁게 일할 수 있었다.

경험이 부족하거나 젊은 직원의 의견을 무시하지 않고 그들이 자유롭게 의견을 낼 수 있는 문화를 조성해야 한다는 힐 교수의 조언에 이때의 경험이 떠올랐다. 나는 김 실장처럼 경청의 리더십을 실천하고 있는가. 당시에는 몰랐는데 내가 간부가 되고 나서 그가 매우 훌륭한 리더십을 갖고 있었음을 깨달았다. ●

창업자의 호기심

● 지난 2016년 1월에 보도된 《닛케이신문》의 손정의 소프트뱅크 회장 인터뷰와 《뉴욕타임스》의 래리 페이지 구글 공동창업자에 대한 기사[15]를 읽으면서 세상을 바꾸는 기업을 만든 창업자에게는 공통점이 있다는 사실을 발견했다. 그것은 새로운 것에 대한 마르지 않는 호기심으로, 이는 기업의 성장 동력이 된다. 인터뷰에서 손정의 회장은 "모범으로 여기는 경영자가 있습니까?"라는 질문에 이렇게 답했다.

"일본에서는 혼다자동차의 창업자인 혼다 소이치로를 가장 좋아합니다. 젊은 시절 혼다 씨와 같은 치과에 다닌 인연으로 자택에서 열린 그의 생일 파티에 초대받은 적이 있습니다. 당시 저는 젊고 무명이었고 그 자리에는 내로라하는 거물급 인사들이 가득했습니다. 하지만 혼다 씨는 나를 붙잡고 'PC란 것이 무엇이냐?', 'CPU(중앙연산처리장치)라는 것은 무엇이냐?', '그것이 발전하면 어떻게 되는 것이냐' 등 질문 공세를 퍼부었습니다. 그것이 무엇인지 설명하면 그는 눈을 반짝거리며 '그런 것이군! 대단하네!'라며 진심으로 감동하는 모습을 보였습니다. 그 모습을 보면서 나는 '혼다자동차가 잘 되는 이유가 이것이구나'라고 생각했습니다. 이렇게 감동해주는 오야지를 기쁘게 하기 위해 혼다의 엔지니어들이 정말 열심히 일하겠다고 생각했죠."

이 글을 통해 장인정신으로 세계 자동차 회사를 일군 혼다 소이치로가 어떤 사람인지 대충 짐작할 수 있다. 그는 생전에 직원들에게 사장님으로 불리는 것을 극도로 싫어했고 보스라는 뜻의 '오야지'라고 불리는 것을 좋아했다.

"래리 페이지의 집착이 구글을 움직이는 법(How Larry Page's Obsessions Became Google's Business)"이라는 《뉴욕타임스》의 기사에는 이런 대목이 나온다. 수년 전 록히드마틴의 핵융합 프로그램

구글에서 검색한 혼다 소이치로, 래리 페이지, 마크 저커버그[16]

을 관리하는 엔지니어 찰스 체이스가 구글이 주최하는 콘퍼런스에 참석했을 때의 일이다. 소파에 앉아 있는 그에게 낯선 남자가 말을 걸어왔다. 그들은 20분간 핵융합 반응을 통해 어떻게 태양에너지 같은 클린 에너지를 만들 수 있는지를 토론했다.

대화를 마치면서 체이스는 그 남자의 이름을 물었다. "저는 래리 페이지라고 합니다." 그제야 체이스는 자신이 억만장자 구글 창업자와 대화를 나눴다는 것을 깨달았다. "그에게서 '내가 얼마나 대단한 사람인지 알아' 하는 느낌을 전혀 받지 못했습니다. 우리는 편안하게 이야기를 주고받았습니다."

래리 페이지는 현재 주력 회사인 구글의 CEO 자리를 순다르 피차이에게 맡기고 지주 회사인 알파벳의 CEO를 맡아 구글의 미래 먹거리를 찾는 데 대부분의 시간을 할애하고 있다. 그는 과학자나 엔지니어들이 모이는 콘퍼런스에 가서도 전혀 티를 내지 않고 묵묵히 자리를 지키고 강연 내용을 끝까지 경청해 주위 사람들을 놀라게 한다. 너무 자연스럽게 청중들과 어울려 실리콘밸리 밖에서 온 사람들은 그가 구글 창업자라는 사실을 모르는 경우도 많다고 한다. 넘치는 호기심을 충족시키기 위해 그렇게 하는 것이다.

창업자의 호기심을 논하다 보니 김상헌 전 네이버 대표이사에게 들은 페이스북의 창업자 마크 저커버그에 관한 재미있는 일화도 생각난다.

김 대표는 2011년 11월, 실리콘밸리의 저명한 벤처투자자 유리 밀너의 생일파티에 초대를 받았다. 그 자리에는 실리콘밸리의 유명 인사들이 모두 모여 있었다. 그들은 한국의 인터넷 기업 CEO에게는 관심조차 없다는 듯 건성으로 인사를 하고 가버렸다.

그런데 이게 웬일인가. 기가 죽어 있던 김 대표 앞에 저커버그가 서 있었다. 김 대표는 자신이 한국 최고의 검색엔진 네이버를 운영하는 NHN의 CEO라고 소개했다. 그러자 저커버그가 크게 반색하며 "네이버에 대해 잘 알고 있다. 궁금한 것이 많은데 내일 우리 회사에 와서 좀 더 이야기를 나눌 수 없겠느냐"고 말했다. 다음날 아침 비행기로 귀국할 예정이었던 김 대표가 정중히 거절하자 저커버그는 아쉬운 표정을 지으며 다음에 오면 꼭 연락해달라고 당부했다.

김 대표는 오만한 실리콘밸리의 거물들과 달리 겸손하고 호기심 많은 저커버그에게 좋은 인상을 받았다고 한다.

이처럼 호기심이 넘치는 창업자들이 이끄는 회사가 성공하는 건 당연한 일이다. 래리 페이지의 구글은 조만간 시가총액 면에서 애플을 꺾고 세계에서 가장 가치 있는 회사로 등극할 전망이다. 곰곰이 생각해보면 역시 호기심이 넘치는 창업자인 스티브 잡스가 사라진 애플이 떠오르는 구글과 페이스북을 상대하기 벅찰 듯싶다.

우리에게는 이렇게 호기심이 넘치는 창업자가 건재한 회사가 있는가? 이런 사람들이 이끄는 회사가 많지 않다는 것이 바로 한국 경제가 풀어야 할 숙제가 아닐까 싶다. ●

스타트업과
규제 공화국

● 미국에서 5년간 살다가 2013년 말 한국에 돌아와 스타트업을 돕고 바람직한 창업 생태계를 조성하는 일을 시작했다. 스타트업얼라이언스를 맡고 4년 남짓 관찰한 결과 우리 정부가 창업을 적극적으로 독려하고 있지만 생각만큼 다양한 분야에서 스타트업이 나오지 않고 있다. 쿠팡을 위시한 소셜커머스나 배달의민족의 O2O, 선데이토즈와 데브시스터즈 같은 모바일게임을 제외하면 성공 사례가 그리 많지 않다. 이제부터 본격적으로 시작하는 것이나 다름없다.

몇 년 전까지만 해도 몇몇 분야는 사실상 불모지에 가까웠다. 금융에서 혁신을 추구하는 핀테크 스타트업이 전 세계적으로 수천 개씩 쏟아져 나오는데 한국에서는 2015년까지 그런 기업을 찾아보기 힘들었다고 해도 과언이 아니다. 스마트폰으로 승객과 택시를 연결하거나 일반인이 자기 차로 직접 택시 영업을 하는 미국의 우버나 중국의 디디추싱, 싱가포르의 그랩 등 교통 분야에서 혁신을 추구하는 스타트업들이 전 세계적으로 다양하게 탄생하고 있는데 한국은 카카오택시를 제하면 유사한 서비스가 전무한 실정이다.

세계 1위 드론 기업 중국의 DJI가 일반인이 즐길 수 있는 드론을 만들어 세계 시장을 호령하고 다양한 드론 기업이 수백 개나 쏟아져 나오는 동안에도 한국에는 '드론파이터'라는 드론을 만드는 바이로봇 외에 눈에 띄는 기업이 없다. 스마트폰 시장에서도 샤오미나 오포, 비보, 원플러스 같은 새로운 중국 스타트업들이 세계 시장에서 돌풍을 일으키는 동안 한국에서는 새로운 스마트폰 제조업체가 좀처럼 등장하지 않고 있다. 오히려 팬택이 쓰러지고 LG전자의 스마트폰 사업은 고전 중이다.

무엇이 문제일까? 한국에서는 왜 이런 핀테크, 드론, 교통 분야의 혁신 스타트업이 나오지 못할까. 단지 시장이 작아서일까. 그 이유를 몇 가지 생각해봤다.

미국에서는 아무 교차로에서나 유턴할 수 있으며 유턴할 수 없는 곳에만 금지 표시가 되어 있다. 규제 시스템도 마찬가지다. 미국은 안 되는 것만 표시해놓고 규제 대상이 아닌 것은 자유롭게 시도해도 된다. 그렇기 때문에 규제에도 아랑곳하지 않고 새로운 분야에서 도전하는 기업이 많이 탄생한다. 한국 같으면 위법이라 시도조차 할 수 없는 사업도 미국에서는 가능하다.

2015년 2월 삼성전자가 약 2500억 원을 주고 인수한 루프페이의 CEO 윌 그레일린을 국내에서 열린 한 콘퍼런스에서 만났다. 루프페이는 신용카드 정보를 읽어 스마트폰에 담아 결제할 수 있도록 하는 기술을 보유한 회사인데 그에게 카드 회사들의 허락을 받았느냐고 물었다. 그는 "그런 규제는 존재하지 않기 때문에 해도 된다. 특별히 허락을 받거나 하지 않았다"고 대답했다. 덕분에 루프페이는 신기술을 적용한 제품을 만들어 킥스타터라는 크라우드펀딩 플랫폼을 통해 얼리어답터들에게 판매할 수 있었다. 그 결과 삼성전자의 연락을 받았다.

루프페이의 아이디어는 한국 같으면 카드 정보를 스마트폰에 저장하는 것 자체가 위법일 가능성이 있고, 카드 회사들의 반발로 아예 시작도 못했을 것이다. 실제로 모 카드 회사 관계자에게 물었더니 단호하게 안 된다고 말했다. 삼성전자는 루프페이의 기술을 이용해 삼성페이를 개발해 2015년 8월부터 국내 서비스를 시작했는데 성공적이라는 평가를 받고 있다. 루프페이가 만약 한국 회사였다면 이런 기술을 개발해 선보이고 삼성 같은 대기업에 인수될 가능성이 매우 희박했을 것이다.

미국의 경우 초기에는 정부를 신경 쓰지 않고 사업을 시작하지만 회사의 규모가 커지면 당국이 규제에 나선다. 대부분 소비자 보호를 위해 필요한 경우다. 개인 간의 투자와 대출을 연결해주는 렌딩클럽의 경우 2007년 창업 후 규제와 상관없이 사업을 키우다 미국증권거래위원회(SEC)에 의해 영업 정지를 당했다. 하지만 6개월 뒤 규제기관과 합의를 했고 이는 P2P(개인 간 거래) 대출이 제도권에서 인정을 받는 계기가 됐다. 이후 P2P 대출은 미국에서 꽃을 피우게 됐다.

한국은 어떤가. 한국에서는 유턴은 무조건 안 되며 허용되는 곳에만 표시가 되어 있다. 규제 시스템도 마찬가지다. 허용되는 것만 촘촘하게 규정해놓은 가이드라인이 있으며 나머지는 무조건 위법이다. 규제에 걸릴 듯해도 소비자가 불편해하는 부분이라면 우버처럼 일단 시도해보는 미국 스타트업들과는 달리 한국 스타트업들은 시작하기 전에 법령부터 세심히 살펴야 한다. 사후 규제가 아니고 사전 규제 시스템이기 때문이다.

덕분에 한국 스타트업 창업자들은 필요 이상으로 법률 지식에 해박하다. 제품 개발보다 여객자동차운수사업법이라든지 전자

금융거래법 조항을 익히는 데 힘쓰는 스타트업 창업자들을 만난 적도 있다. 이런 규제는 창업자들의 상상력을 제한하고 좌절하게 만든다. 실리콘밸리 벤처투자자인 트랜스링크캐피탈의 음재훈 대표는 이렇게 말했다.

"미국의 규제 시스템은 방목형이라 할 수 있습니다. 커다란 목장에 양떼를 풀어놓고 울타리를 쳐놓는 식이죠. 울타리 안에 있는 한 뭐든지 마음대로 해보라는 식입니다. 그렇기 때문에 혁신이 많이 나올 수밖에 없는 겁니다."

데이터를 공개하는 나라, 데이터를 감추는 나라　●●●

미국은 공공 데이터를 되도록 많이 공개한다. 법원의 판례 정보, 부동산 거래 정보 등 수많은 공공 데이터가 공개되어 있고 그 데이터를 가공해 판매하는 업자들도 많다. 그런 데이터를 모아 분석한 뒤 자동으로 투자하는 소프트웨어를 개발하거나 개인이나 기업의 공개 데이터를 기반으로 신용 분석을 해주는 핀테크 기업들도 대거 등장하고 있다. 빅데이터 산업도 이런 기반 위에서 성장한다.

하지만 한국의 경우에는 공기업도 사기업도 모두 데이터를 꽁꽁 숨기고 공개하지 않는다. 설령 공개하더라도 가공하기 어렵게 되어 있다. 엄격한 보안 규정을 적용하고 개인정보보호법 때문에 사용하지 못하는 경우도 있다. 이런 이유로 작은 스타트업이 공공 데이터에 기반한 사업을 시작하기가 어렵다.

한편 미국 기업은 자신이 잘 할 수 있는 핵심 비즈니스에 집중하며 그렇지 않은 것은 주저 없이 외부 기업의 제품을 사서 쓴다. 예를 들어 휴렛패커드 같은 기업도 사내 인사관리 시스템을 내부에서 직접 만들어 쓰지 않고 돈을 내고 워크데이라는 외부 기업의 소프트웨어를 사용한다. 핵심에 집중하기 위함이다. 이런 비즈니스 풍토가 뛰어난 역량을 지닌 외부 소프트웨어 회사들이 성장할 수 있는 기반을 마련해준다.

반면 한국 기업은 어떤가. 외부 회사의 제품을 쓰지 않고 필요한 소프트웨어는 계열사에서 직접 제작하거나 하청을 줘서 만들도록 한다. 최고의 제품이나 서비스를 가져다 쓰기보다 품질이 떨어져도 계열사 제품을 우선적으로 선택한다. 그러다 보니 역량 있는 독립 소프트웨어 회사들이 성장할 수 있는 여지가 많지 않다. 2015년까지만 해도 삼성전자 직원들은 문서 작성을 하는데 계열사에서 만든 훈민정음이라는 소프트웨어를 사용했다.

좋은 품질을 가진 외부 제품보다 계열사 제품을 우선적으로 사용하는 이런 문화는 기업들의 경쟁력 약화를 초래한다. 게다가 정부나 기업이 사주질 않으니 국내에서 대규모 B2B 소프트웨어 회사가 탄생하기 어렵다. 한국 기업들은 하청업체가 만들

수 없는 제품은 오라클, SAP, 마이크로소프트 등 외국의 대형
소프트웨어 회사들로부터 구매한다.

혁신에 민감한 리더, 혁신에 둔감한 리더 ● ● ●

한국의 정부나 기업의 최고의사결정권자들은 혁신에 둔감하
다. 지난 2016년 미국 대선에서 민주당 후보였던 힐러리 클린턴
은 이메일 때문에 궁지에 몰렸다. 국무장관 시절 사설 이메일 서
버를 사용해 주고받은 이메일이 문제가 됐다. FBI가 힐러리가
사설 이메일 서버를 통해 국가 기밀이 담긴 이메일을 주고받은
일이 있는지 조사한 결과 3만여 통이 발견됐다.

이 사건을 통해 역설적으로 미국 장관들이 얼마나 적극적으로
업무에 이메일을 활용하는지 알 수 있다. 그런가 하면 젭 부시
등 정치인들은 우버를 옹호하며 유세에 우버 차량을 동원했다.
5000만 명의 팔로어를 가진 도널드 트럼프 대통령은 '트위터의
달인'이다. 이처럼 미국의 교수, 기업인, 관료 등 지식인들을 만
나면 트위터, 블로그 등 소셜미디어를 능수능란하게 활용하며
일상생활에서 우버 등 새로운 서비스를 자연스럽게 활용하는 모
습을 볼 수 있다.

한국은 어떤가. 금태섭 변호사의 책 『이기는 야당을 갖고 싶

다』에는 이메일을 사용하지 않는 최시중 방송통신위원장의 이야기가 나온다.

> 언젠가 업무 때문에 최시중 방송통신심의위원장에게 연락을 할 일이 있었다. 이메일을 보내려고 했는데 최 위원장은 이메일을 쓰지 않는다는 황당한 사실을 알게 됐다.[17]

국가의 IT 정책을 총괄하는 자리에 있는 사람이 이메일도 쓸 줄 모른다는 것이다. 나는 장관 등 고위 관료를 지낸 분들이 참석한 자리에서 강연을 하면서 인터넷쇼핑이나 인터넷뱅킹을 해본 경험이 있는지 물어본 적이 있다. 그 자리에 있던 20여 명 가운데 단 두 명이 손을 들었다.

상당수의 정부 부처가 세종시로 옮겨가고 정부 산하기관들이 전국으로 이전해 있는 지금 내가 만난 상당수의 공무원이나 산하기관 직원들이 출장을 다니느라 정신이 없었다. 화상회의나 콘퍼런스콜을 하면 간단히 끝날 일을 위해 하루를 소비한다. 이유를 물으면 고위층일수록 이메일이나 화상회의에 익숙하지 않아 직접 오라고 한다는 것이다. 클라우드 서비스조차 차단해 외부에서 업무를 보는 것도 어렵다고 했다.

이처럼 사회 고위층이 혁신을 받아들이는 데 보수적이기 때문에 우리 사회에서 혁신 기업이 탄생하기 어려운 게 아닌가 한다.

혁신 기업에 대해 우호적인 정책이나 투자, 인수합병(M&A) 등의 의사결정이 나오기 힘든 것이다. 뭔지 모르는데 어떻게 그 가치를 제대로 산정하고 투자하겠는가.

　한국에서 다양한 분야에서 혁신 기업이 탄생하려면 규제 시스템과 문화가 바뀌어야 한다. 혁신 경제가 불을 뿜도록 하기 위해서는 대통령과 장관들부터 솔선수범해 혁신적인 트렌드를 배우고 혁신적인 스타트업의 제품과 서비스를 사용하는 모습을 보여줘야 한다. ●

미국은
인수합병 천국

● 임정민 전 구글캠퍼스서울 총괄이 블로그에 올린 "한국 스타트업들은 어떻게 엑시트하나"라는 제목의 글을 읽었다.[18] 벤처 투자자가 스타트업에 투자한 돈을 회수하는 것을 '엑시트(Exits)'라 하는데 기업공개(IPO)나 인수합병을 하는 것이 일반적이다. 한국에서는 기업공개나 인수합병 모두 쉽지 않다는 것이 그의 주장이다.

이 글을 읽고 놀란 이유는 미국의 경우 스타트업 엑시트 방법의 80퍼센트가 인수합병인데 반해 한국은 2퍼센트밖에 되지 않기 때문이었다. 한국에서는 기업공개나 인수합병이 쉽지 않기 때문에 대부분 자금 회수가 장외시장 등에서의 구두 거래로 이뤄진다. 벤처투자자가 이처럼 자금을 회수하기 어려우니 스타트업에 대한 투자가 활발하지 않은 것도 어찌 보면 당연한 일이다.

2009년부터 3년간 라이코스에서 일하면서 나는 당시 미국 업계의 활발한 인수합병 활동을 보고 크게 감탄한 바 있다. 라이코스가 운영하는 인터넷 홈페이지 서비스나 게임 포털 서비스를 인수하겠다는 제안도 여러 번 받았다.

한번은 홈페이지 퍼블리싱 서비스 업계의 경쟁사인 웹스닷컴(Webs.com)에서 연락이 왔다. 비슷한 성향의 고객을 갖고 있는 라이코스의 홈페이지 서비스 트리포드닷컴(Tripod.com)과 엔젤파이어닷컴(Angelfire.com)을 인수해 규모를 키우고 싶다고 했다. 결과적으로 이 거래는 성사되지 못했지만 그 제안을 했던 회사는 2년 뒤 더 큰 동종 업계 회사에 1000억 원이 넘는 금액에 매각됐다. 이 제안의 당사자인 웹스닷컴의 공동창업자 셰빈 피셔바(Shervin Pishevar)는 회사를 매각한 돈을 우버에 투자해 큰 성공을 거뒀고 현재는 실리콘밸리의 거물 투자자가 됐다.

라이코스의 게임포털인 게임빌닷컴(Gamevil.com)을 인수하고 싶다는 의사를 전해온 사람은 뉴욕에서 작은 중견 로펌을 운영하는 젊은이였다. 한 대기업이 작은 게임회사를 인수하고자 하는데 자신이 그 프로젝트를 의뢰받았다는 것이다. 게임빌닷컴

이 인수 대상으로 적당해 그 기업에 제안해보겠다고 했다. 게임빌닷컴처럼 작은 회사를 어떻게 알았느냐고 묻자 인터넷 시장조사 자료를 분석해본 결과 최근 게임빌닷컴의 게임 서비스 지표가 향상되고 있어 연락했다고 했다. 나는 이처럼 전문적으로 인수합병을 도와주는 회사들이 있으며 그들이 활발히 활동하고 있음을 알고 놀랐다.

2011년에 라이코스를 인도 회사인 와이브랜트에 매각하게 된 것도 야후 출신 인수합병 브로커인 벤의 방문 덕분이었다. 미국에서 인수할 만한 회사를 찾아달라는 와이브랜트의 요청을 받고 벤은 많은 회사를 방문해 인터뷰한 뒤 라이코스를 추천했던 것이다. 벤은 인수 협상 과정까지 진행하고 상당한 금액을 커미션으로 챙겼다.

내가 라이코스에 부임하기 전에도 라이코스는 쿼트닷컴(Quote.com), 와이어드닷컴(Wired.com)이라는 두 개의 서비스를 각각 약 300억 원, 250억 원에 매각한 적이 있다. 이런 경험을 통해 나는 미국에서는 인수합병이 매우 활성화되어 있음을 피부로 느꼈다. 어느 정도 가치가 있는 회사를 만들면 누군가가 사줄 것이라고 예상할 수 있다. 이런 탈출구(?)가 있다는 것은 스타트업 창업자에게 매우 중요한 일이다.

그럼 미국인은 왜 인수합병에 적극적일까? 미국 회사들에게 인수합병은 빠르게 성장할 수 있는 중요한 방법이다. 자신에게 부족한 역량을 단시간 내에 채울 수 있는 좋은 수단이기도 하다. 워낙 인수합병이 일상화돼 있다 보니 필요한 기능이 있으면 직접 개발하기보다 시장조사를 거쳐 관련된 회사 인수에 즉각 나서는 것이 미국 회사들이다. 그 덕에 실력 있는 스타트업들에게 좋은 선택지가 생기는 것이다.

반면 한국은 어떤가? 스타트업을 해도 인수 제안을 받는 것은 하늘의 별따기다. 대기업이 비슷한 아이템을 가지고 동종 업계에 진입하지 않으면 다행이다. 설사 회사를 매각하고 싶어도 그와 관련된 조언을 해주고 협상 과정을 도와주는 인수합병 전문 회사가 별로 없다. 인수 제안이 있어도 대부분 헐값에 사려고 한다. 한국 대기업들은 작은 회사가 열심히 쌓아온 무형의 가치에 합당한 대가를 지불하는 데 인색하다. 기업 정보가 투명하게 공개되지 않는 불신 사회이다 보니 인수 회사도 피인수 회사의 정보를 믿지 않는다. 외국 회사들에게 배타적이고 영어로 제공되는 정보가 부족하며 의사소통이 제대로 이뤄지지 않아 외국 회사들도 한국 회사를 인수하기를 꺼린다.

또한 기업 간에 인수합병 경쟁이 없으니 인수가가 올라갈 이유가 없다. 인수합병 기회가 더욱 줄어드는 것이다. 사정이 이러하다 보니 한국의 스타트업 생태계가 활성화되고 많은 투자가 이뤄지고 있지만 스타트업 엑시트가 이뤄지는 경우는 드물다. 2015년에는 카카오가 '국민 내비 김기사'로 유명한 록앤롤을

626억 원에 인수했고, 2017년 9월에는 넥슨이 가상화폐 거래소 코빗을 912억 원에 인수한 것이 대표적인 사례다. 최근 들어 네이버나 삼성전자의 국내 스타트업 인수가 소규모로 진행되고 있지만 미국과 중국처럼 1000억 원 규모 이상의 큰 거래는 찾아보기 어렵다. 정말 우려할 만한 일이다.

사람들은 인수합병 활성화를 위해 법제도를 개선할 필요가 있다고 말한다. 인수 기업에 각종 인센티브를 부여해야 한다고 말이다. 하지만 나는 그보다 앞서 문화가 바뀌어야 한다고 생각한다. 빠른 성장을 위해 외부의 혁신을 제값을 주고 적극적으로 받아들이는 문화가 조성되어야 한다.

결국 인수합병을 잘하는 회사가 글로벌 기업이 된다. 구글이 창사 이래 지금까지 행한 주요 인수합병은 200건이 넘는다. 물론 실패한 경우가 더 많겠지만 거기서 안드로이드와 유튜브가 나왔다. 안드로이드와 유튜브가 없었더라면 구글은 지금 애플이나 페이스북과 훨씬 더 힘겹게 경쟁하고 있을지도 모른다. 실리콘밸리의 회사들은 외부의 혁신을 받아들여 빠르게 흡수하는 능력이 탁월하기 때문에 글로벌 시장에서 승승장구하는 것이다. 한국 회사들도 변해야 한다. ●

4장

connection

제2의
실리콘밸리를 찾아서

3년 만에 다시 찾은 중국 선전

● 지난 2018년 1월 말, 3년 만에 중국 선전에 다녀왔다. 하드웨어 생산부터 글로벌 유통 시설까지 두루 갖춘 선전은 중국의 실리콘밸리라고 불린다. 선전은 하루가 다르게 급성장하는 도시로 유명하다. 불과 3년 만에 지하철 노선이 몇 개나 늘었고 60층 이상의 마천루가 더 많이 늘어났으며 지저분하기 짝이 없던 화창베이 전자상가는 도시 미화 사업으로 말끔하게 새 단장됐다. 거리의 공공버스는 그새 모두 전기버스로 교체됐다. 갈수록 글로벌한 도시로서의 위용을 더해간다고 할까.

도처에서 맹렬한 속도로 건설되는 인텔리전트 빌딩과 아파트 등을 보면서 덩샤오핑의 개혁개방 정책으로 지난 1980년 경제 특구로 지정된 지 불과 40년도 안 된 선전이 인류 역사상 가장 빨리 발전한 도시가 아닐까 하는 생각이 들었다.

화웨이, 오포, 비보 등 이 지역 기업들이 생산한 중국 스마트폰은 불과 3년 전만 해도 거칠고 조잡해 보였다. 하지만 지금은 디자인이나 기능 면에서 한국 제품과 비교해 전혀 뒤지지 않는 수준에 이르렀으며 광고나 홍보 등 마케팅도 수준급이다. 이런 이유 때문인지 3년 전 화창베이 거리에서 제법 많이 보였던 삼성 간판은 이제 거의 사라지고 없었다. 2013년 20퍼센트대의 점유율로 중국시장 1위였던 삼성전자의 스마트폰은 점유율이 2018년 1분기 1퍼센트 이하로 떨어졌다. 삼성 간판이 사라져 가는 것이 이해가 갔다.

무엇보다 내게 강렬한 인상을 심어준 것은 '지갑 없는 사회로의 전환'과 '공유 서비스의 확산'이었다. 선전에서는 우리 일행을 제외하면 현금을 쓰는 사람을 거의 찾아볼 수 없었다. 물건을 사면서 현금이나 카드를 사용하는 내가 비문명인이란 생각이 들 정도였다. 하나같이 스마트폰으로 알리페이나 위챗페이 앱을 열어 QR 코드를 스캔하는 방식으로 결제했다. 거리의 노점상부터 시내 중심가에 위치한 고급 레스토랑까지 모두 마찬가지였다. 현지에 사는 한 한국인은 "지난 10월에 현금 500위안을 인출했

3년 전 지저분한 느낌이었던 화창베이 전자상가는 지하철역이
들어서면서 깔끔한 보행자 중심 거리로 바뀌었다(위). 공유자전
거는 이미 선전 시민의 발이 되어 있었다(아래).

는데 넉 달이 지난 지금까지 100위안밖에 안 썼다"고 할 정도다.

사실 중국은 위조지폐가 많고 신용카드 보급률이 낮아 모바일 페이의 확산 속도가 빠른 것일 뿐이라는 지적도 있었다. 하지만 이번에 보니 중국의 모바일 페이 보급률은 대단한 혁신임에 분명했다. 워낙 편리해 단시간에 모든 사람이 사용하게 됐고 그것이 다른 혁신의 기반이 됐으니 말이다.

이처럼 결제 서비스가 발달되다 보니 그 위에서 온갖 기발한 서비스가 출시되어 성업 중이다. 대표적인 것이 공유자전거다. 선전 시내 어디를 가도 주황색 모바이크와 노란색 오포 자전거를 볼 수 있다. 공유자전거 앱으로 자전거에 부착된 QR 코드를 스캔하면 1시간에 1위안(약 170원) 정도를 내고 탈 수 있다. 다 타고 나서는 특정한 장소에 반납하지 않고 선전 시내 아무 곳에나 놔둬도 된다. 넘쳐나는 공유자전거가 쓰레기가 되어 문제라는 보도도 있었는데 현지에 가서 보니 그리 심각해 보이지 않았다. 초기의 혼란을 거쳐 이제는 주도적인 업체들이 형성되면서 질서가 잡혀가고 있다고 할까. 그리고 이 자전거들이 전기자전거 등으로 환경 변화에 발맞춰 점진적으로 개선되고 있었다.

편리한 결제 서비스의 효과는 여기서 그치지 않는다. 편리한 결제 서비스를 활용해 사람들은 뭐든지 스마트폰으로 구매하고 새로움을 수용하는 데 주저하지 않는다. QR 코드를 스캔해 신선식품이나 과자를 구매하는 무인점포, 스마트폰 배터리 충전소 등 기발한 서비스가 넘쳐난다. 하루 빨리 중국어를 능숙하게 할 수 있도록 공부해 이런 새로운 제품과 서비스를 사용하러 다시 와야겠다는 생각이 들 정도였다.

중국 당국은 비합리적인 규제를 자제하고 실용적으로 접근하려 노력한다. 새로운 시도에 대해서는 곧바로 규제하지 않고 신산업이 어느 정도 조성될 때까지 내버려둔다. 그러다 보니 선전에는 뭐든 시도해보려는 스타트업이 넘쳐난다. 고객의 눈높이에서 편리한 제품을 만들기 위해 치열하게 경쟁하고 그런 기업에 과감한 투자가 쏟아진다. 중국은 공산주의 국가이지만 어떤 자본주의 국가보다 더 기업 친화적인 환경이 조성돼 있으며 그 결과 경쟁력 있는 기업들이 쑥쑥 성장한다.

선전을 대표하는 드론 스타트업인 DJI는 직원 수가 불과 3년 사이에 3000명에서 1만 1000명으로 8000명 가까이 늘어났다. 중국을 대표하는 인터넷 기업 텐센트는 거의 모든 중국인이 사용한다고 해도 과언이 아닌 위챗 플랫폼을 바탕으로 전방위로 사업을 확장하고 있다. 이런 회사들이 넘쳐나다 보니 선전에는 젊은 인재들이 중국 전역에서 몰려든다. 성공을 꿈꾸는 진취적인 젊은이들이 모이니 도시 전체에 활력이 가득하다.

선전 시민의 평균 연령이 30대 초반인데 텐센트 직원의 평균 연령 역시 30세다. 나보다 나이가 많은 사람은 보기 힘들 정도다. 자신감이 넘치는 그들의 모습을 보면서 선전은 정말 중국의 실리콘밸리라고 자랑할 만하다고 느꼈다. 진짜 실리콘밸리 못지 않은 선순환을 만들어낸 것이다.

분위기가 이렇다 보니 이제는 중국의 혁신에 관심을 갖고 세계 각국의 사람들이 그를 배우기 위해 몰려든다. 중국 스타일의 지갑이 필요 없는 사회, 공유자전거 문화에 관심이 있는 해외 언론의 취재와 보도가 잇따른다. 실리콘밸리의 한 지인은 내게 "요즘 실리콘밸리에서는 새로운 트렌드를 살피려면 중국에 가야 한다고 말한다"고도 했다. 화창베이 전자상가에서 만난 트러블메이커라는 하드웨어 스타트업 인큐베이터 대표에게 "네덜란드 사람이 왜 선전에 정착했느냐"고 물었더니 "와보니 중국에 미래가 있었다"라고 답했다.

중국의 발전상을 지켜보면서 이제는 너무 진부한 이야기가 됐지만 한국은 정말로 어디로 가야 하는지 고민이 깊어졌다. 자유롭게 아이디어를 펼치기는커녕 규제에 걸릴까 봐 자체 검열을 하는 한국 스타트업 창업자들과 골목 상권을 해친다는 말을 들을까 봐 마땅히 해야 할 혁신 시도와 사업 확장도 눈치 보는 대기업들. 이런 환경에서 한국 기업들이 어떻게 중국 기업들을 대적할 수 있을까. 우리 기업과 창업자들이 뭐든 시도해볼 수 있도록 창업 환경을 개선하지 않는다면 불과 5년 뒤에는 공격적인 중국 업체들에게 우리 시장을 다 내줄 수도 있다. 시간이 얼마 남지 않았다. ●

중국 인터넷
삼두마차 BAT

● 해외에서 한국을 볼 때는 SLH의 세 회사가 보인다. 즉, 삼성전자, LG전자, 현대자동차다. 그중에서도 특히 갤럭시로 인한 존재감 때문에 삼성의 위상이 압도적이다. 한 인도인 지인은 내게 "한국은 삼성의 나라라고 생각한다(Korea is the land of Samsung)"라고 했을 정도다. 그럼 중국을 대표하는 기업은 어디일까. 우리와는 달리 전자 회사나 자동차 회사가 아니라 인터넷 회사들인 BAT다. BAT는 바이두(Baidu), 알리바바(Alibaba), 텐센트(Tencent)의 머리글자를 딴 말이다. 회사 규모로 보면 TAB라고 해야 맞지만 말이다.

텐센트는 마화텅이 1998년 중국 선전에서 창업한 회사다. 당시 이스라엘에서 개발한 인기 메신저 ICQ를 카피한 QQ라는 인터넷 메신저를 선보여 중국 전역을 석권했다. 텐센트는 중국의 국민 메신저 QQ의 인기를 발판으로 한국 게임 〈던전앤파이터〉 등 수많은 게임을 출시해 성공시키며 게임 산업의 왕으로 군림하게 된다. 이렇게 얻은 자금력을 바탕으로 텐센트는 세계적인 인기 게임 〈리그 오브 레전드〉를 만든 미국의 라이엇게임즈나 〈클래시 오브 클랜〉의 개발사인 핀란드의 슈퍼셀 같은 회사를 거액에 인수했다. 명실상부한 전 세계 게임 업계의 가장 큰 손이 된 것이다.

하지만 텐센트의 진정한 힘은 중국의 국민 모바일 메신저 위챗에서 나온다. 위챗은 중국의 카카오톡 메신저라고 할 수 있는데 그 규모는 카카오톡에 비할 수 없다. 2018년 3월 《인민일보》의 보도에 따르면 위챗의 월 글로벌 활성이용자수는 10억 명을 돌파했다.[19] 중국의 스마트폰 사용자들의 거의 대부분이 쓴다고 보면 된다.

위챗 자체가 하나의 슈퍼앱으로 등극해 그 안에서 채팅뿐 아니라 수많은 일을 할 수 있는 플랫폼이 됐다. 중국인들은 인사할 때 명함 대신 위챗 아이디를 교환하고, 웬만한 물건을 구매하고 결제하거나 심지어 병원을 예약하는 일까지 위챗 안에서 다 처리한다. 텐센트는 중국인의 소통, 결제 플랫폼인 위챗을 통해 엄청난 데이터를 수집하고 있다.

그 결과 홍콩 증시에 상장된 텐센트의 주가는 급등에 급등을 거듭해 라이벌인 알리바바를 꺾고 2018년 3월 현재 시가총액 약 600조 원으로 아시아 대장주에 올랐다. 325조 원인 삼성전자의 두 배에 달하는 규모다.

내가 텐센트에 감탄하는 것은 게임과 메신저를 바탕으로 한 사업 수완만이 아니라 투자 회사로서의 탁월한 능력이다. 텐센트는 미래를 내다보고 성장 회사에 과감히 투자하는 것으로 유명하다. 대표적인 예로 텐센트는 2012년 4월 카카오톡을 서비스하는, 당시에는 작은 스타트업이었던 카카오에 720억 원을 투자해 13.8퍼센트의 지분을 확보했다. 당시 수익 모델이 없던 카카오를 약 5000억 원 가치를 지닌 것으로 평가해 거액을 투자하자 사람들은 고개를 갸우뚱했다. 현재 카카오는 시가총액이 10조 원에 달하는 회사가 됐다.

텐센트는 지금도 매년 중국과 전 세계 IT 기업에 작게는 수백억 원에서 많게는 수조 원씩 투자하는 큰손이다. 가령 지난 2017년에는 중국의 전기자동차 회사 니오에 약 6500억 원을 투자하면서 동시에 미국의 테슬라에 2조 원 가까이 투자해 세상을 놀라게 했다. 텐센트는 인도의 유니콘스타트업 플립카트에 1조 원 이상을,

텐센트의 선전 신사옥. '당과 함께 창업을'이라는 중국 공산당의
창업 슬로건 조형물이 보인다.

중국의 공유자전거 스타트업 모바이크에 8000억 원 이상을 투자하기도 했다. 미국의 틴에이저들에게 인기 있는 메신저인 스냅의 지분 12퍼센트를 보유한 대주주이기도 하며 세계 최대의 음악 스트리밍 서비스인 스웨덴의 스포티파이의 지분도 7.5퍼센트를 보유하고 있다.

이런 텐센트의 왕성한 투자 욕구가 중국 스타트업 생태계의 활성화를 견인한 가장 중요한 요인 중 하나다.

마윈과 알리페이의 공화국 알리바바 ● ● ●

창업자 마윈의 유명세로 이제는 한국에서도 많은 사람이 알고 있는 전자상거래 회사 알리바바는 마윈이 항조우에서 1999년에 창업했다. 나는 사실 2000년대 초반부터 알리바바라는 회사를 알고 있었지만 대수롭게 여기지 않았다. 이 회사를 그저 아마존의 짝퉁 정도로 생각했기 때문이다. 2014년 알리바바가 미국 나스닥 증시에 상장한다고 했을 때도 큰 기대를 하지 않았다. 하지만 상장 당시 2310억 달러이던 시가총액은 2018년 5129억 달러로 두 배 이상 성장했다. 시가총액으로는 텐센트에 따라잡혔지만 아직도 텐센트와 함께 중국을 대표하는 인터넷 기업인 것이다.

알리바바의 압도적인 힘을 느낄 수 있는 때는 매년 11월 11

일 광군제이다. 독신자나 애인이 없는 사람들을 위한 날인 광군제를 2009년부터 알리바바의 쇼핑 사이트인 타오바오가 온라인 할인 행사의 날로 만들었다. 이날에는 미국의 블랙프라이데이와 유사하게 파격적인 할인을 해주는데 중국의 온라인쇼핑이 급성장하면서 알리바바는 어마어마한 매출을 올리게 됐다. 2017년 광군제에서 알리바바는 하루 만에 한화로 약 28조 원의 매출을 올렸다.

더 놀랄 만한 것은 28초 만에 10억 위안(약 1700억 원)어치 주문을 처리해 대부분 당일 배송하는 알리바바의 기술력이다. 이는 알리클라우드를 통한 빅데이터 처리 능력과 첨단 물류 배송 시스템 등을 구축했다는 뜻이다. 이 주문량으로만 보면 아마존은 비교조차 되지 않는다.

알리바바의 비장의 무기는 알리페이다. QR 코드 스캔을 통해 누구나 쉽게 스마트폰으로 결제할 수 있는 알리페이는 이미 중국인의 삶에 깊숙이 침투해 있다. 알리바바는 이렇게 알리페이로 쌓은 신용 데이터를 바탕으로 다양한 핀테크 서비스를 발전시키고 있다.

알리바바의 창업자 마윈은 전 세계를 순회하며 열정적인 강연으로 기업의 이미지를 끌어올리고 수많은 젊은이들에게 영감을 주고 있다. 그가 방한했을 때 나도 그의 영어 연설을 직접 들은 적이 있다. 함께 자리한 알리바바의 한 중역이 내게 농담조로

"마윈은 중국어보다 영어 연설을 더 잘하는 것 같다"고 말했을 정도로 그의 영어 연설 능력은 뛰어나다. 그 자리에서 만난 한국인 창업자는 마윈의 연설에서 용기를 얻었다고 내게 말하기도 했다.

알리바바도 텐센트 못지않게 적극적으로 스타트업에 투자하고 있다. 2012년 내가 실리콘밸리에 있을 때 알리바바가 갑자기 나타나 한국 기업들이 투자를 망설이던 모바일 검색 스타트업에 500억 원을 투자하는 것을 보고 경악했던 기억이 있다. 무엇보다 의사결정의 신속함과 큰 투자금액에 깜짝 놀랐다.

알리바바는 중국의 동영상 서비스인 유쿠, 동남아시아의 온라인 쇼핑몰 라자다, 중국의 트위터 웨이보, 미국의 증강현실 스타트업 매직립 등 전 세계의 혁신 기업에 적게는 수백억, 많게는 수조 원을 투자한 상태다.

검색시장과 인공지능을 장악한 바이두 ● ● ●

중국의 구글로 검색시장을 장악하고 있는 바이두는 2018년 3월 현재 시가총액이 90조 원에 달한다. 시가총액이 500~600조 원을 넘나드는 텐센트, 알리바바와 비교하면 크게 차이가 난다. 이런 이유로 BAT라는 말은 맞지 않다는 지적도 있다. 4~5

년 전에는 이 세 회사가 비슷한 규모였는데 그 사이에 텐센트와 알리바바가 급성장한 탓이다.

바이두는 2000년 베이징에 있는 중국 IT 산업단지인 중관춘에서 초라하게 시작했다. 베이징대학 출신으로 미국에서 유학하고 미국 기업에서 일한 경험이 있는 리엔훙이 창업자다. 초기에는 구글 짝퉁이라는 비아냥을 들었지만 급성장해 2005년 나스닥에 상장했다.

중국의 검색 시장을 장악했지만 텐센트, 알리바바에는 크게 밀리는 바이두는 회사의 미래를 인공지능에 걸었다. 2014년 바이두는 인공지능 분야에서 세계적인 권위자로 꼽히는 앤드루 응 스탠퍼드대학 교수를 영입한다. 응 교수는 2017년 회사를 떠날 때까지 바이두의 인공지능 인력을 1300명까지 확충하며 연구에 몰입했다.

2018년 1월 미국 라스베이거스에서 열린 CES에서 바이두는 인공지능에 대한 야심을 공개적으로 드러낸 바 있다. 바이두는 기자들을 상대로 '바이두 월드'라는 이벤트를 개최했다. 이 자리에서 발표를 맡은 사람은 마이크로소프트에서 검색 비즈니스 업무를 총괄하다 바이두의 인공지능 총괄이 된 치루로 그는 이렇게 말했다. "중국은 인구가 많다. 자동차도 많다. 즉, 인공지능의 원료가 되는 데이터가 많다. 그리고 정부가 인공지능으로 무엇을 할 수 있는지 이해하고 장기투자를 한다. 시스템을 마련하기 위해 합리적인 5개년 투자를 한다. 그런 중국에서 우리 바이두가 인공지능 선두주자다."

바이두는 CES에서 스마트가전을 위한 인공지능 OS인 듀어OS와 자율주행차 플랫폼인 아폴로를 선보였다. 서구의 시각으로 보면 바이두의 이런 시도는 현재로서는 별것 아닌 것처럼 보일 수 있지만 5년 뒤에는 다를 것이다.

텐센트, 알리바바만큼은 아니지만 바이두 역시 수많은 기업에 투자하고 있다. 특히 바이두는 인공지능 분야에 강점을 가진 스타트업에 중점적으로 투자하는 것으로 알려져 있다.

이와 같이 중국의 BAT는 자사의 비즈니스에 열심히 투자하는 것은 물론 미래를 선점하기 위해서도 부지런히 움직이고 있다. 이들의 경쟁적인 투자가 중국의 스타트업 생태계를 살찌우고 있는 것이다. ●

샤오미, 오포, 비보가
성공하는 이유

　● 지난 2018년 1월 중순 어느 일요일 오후 중국 선전 시내에 위치한 샤오미 스토어를 방문했다. 1층과 3층에 마련된 꽤 큰 매장은 사람들로 가득 차 방문객들을 줄을 세워 입장시킬 정도였다. 매장에는 샤오미 스마트폰만 있는 것이 아니다. 전기자전거, 스쿠터, 노트북컴퓨터, TV, 드론, 심지어는 전기밥솥, 공기청정기, 정수기, 전동칫솔까지 판매하고 있었다. 이들은 모두 샤오미 스마트폰으로 조작할 수 있는 사물인터넷 제품이다. 세련된 디자인에 저렴한 가격을 무기로 날개 돋친 듯 팔려나가고 있

었다. 이미 중국 전역에 이런 '샤오미의 집'이 수백 군데에 달하며 빠르게 늘어나는 추세다.

2017년 11월 방문한 인도 뭄바이와 하이데라바드 공항 내의 주요 광고 공간을 중국의 스마트폰 메이커인 오포 광고가 차지하고 있었다. 하이데라바드 시내 곳곳에도 오포, 비보, 샤오미 등 중국 스마트폰 회사의 대리점이 보였다. 한 인도 스타트업 창업자에게 "샤오미가 인도 시장에서 2위라는 것이 사실이냐"고 묻자 그는 "내가 느끼기에는 이미 1위다"라고 답했다. 2018년 1월의 보도에 따르면 그의 말처럼 2017년 4분기에 샤오미는 삼성을 꺾고 인도 시장에서 1위에 올랐다. 귀국길에 환승을 위해 들른 태국 방콕 공항에서도 곳곳에서 오포 스마트폰 광고를 볼 수 있었다.

이처럼 오포, 비보, 샤오미 등 중국의 신예 스마트폰 브랜드가 중국 시장을 석권하는 데 그치지 않고 세계 곳곳으로 뻗어나가고 있다. 이들은 인도나 동남아시아 같은 신흥 시장에서 빠르게 성장하는 데 만족하지 않고 유럽이나 일본, 미국까지 넘보고 있다. LG 스마트폰은 제친 지 오래고 이제는 삼성과 애플의 아성까지 넘보고 있다. 이들의 성공 비결은 무엇일까.

중국 선전에 위치한 샤오미 스토어(위). 중국 어디서나 볼 수 있
는 오포 광고(아래)

　샤오미의 성공은 오프라인 중심으로의 전략 수정과 스타트업에 대한 뛰어난 투자 역량 덕분에 가능했다. 스타트업다운 이런 기민한 경영이 이제 인도 등 글로벌 시장에서도 먹히고 있는 것이다.

　2010년 베이징에서 사업을 시작한 샤오미는 원래 가성비가 좋은 스마트폰을 온라인을 통해 판매하는 전략으로 급성장했다. 지난 2014년 샤오미의 베이징 본사를 처음 방문했을 때 샤오미 스마트폰을 사보고 싶었지만 온라인 주문이 아니고서는 살 수 있는 방법이 없어 포기했을 정도다. 2015년 초에 선전에 갔을 때는 샤오미 스마트폰을 사기 위해 화창베이 전자상가를 헤집고 다녔다. 간신히 샤오미 스마트폰을 구입했는데 상가에 흘러든 샤오미 정품이라고 했다. 그런데 알고 보니 그것조차 가짜였을 정도로 샤오미 스마트폰을 구하기 힘들었다.

　이런 샤오미의 독특한 전략은 '미펀'이라는 열성 팬을 낳았다. 하지만 화웨이, 비보, 오포 등 경쟁사들이 치고 올라오면서 샤오미의 온라인 중심 판매 전략은 한계에 부딪혔고 2016년 샤오미의 실적은 곤두박질쳤다. 샤오미는 이 위기를 유통 전략을 180도 전환함으로써 돌파했다. 온라인 중심주의를 과감히 버리고 중국의 대도시를 중심으로 마치 애플 스토어처럼 세련된 분위기의 '샤오미의 집' 매장을 열어 고객이 샤오미 제품을 실제로 체험해보고 살 수 있도록 했다.

샤오미의 다른 강점은 스타트업 문화를 바탕으로 한 투자와 협업이다. 샤오미는 만물상처럼 여러 가지 제품을 만드는 것으로 유명하다. 그런데 정작 샤오미 본사는 스마트폰만 만들고 샤오미 웨어러블, 배터리팩, 공기청정기, TV 등 수많은 제품은 모두 샤오미와 창업자 레이쥔이 만든 순웨이캐피털이라는 투자 회사가 투자한 회사에서 만들어진다.

화미, 칭미, 란미 등 샤오미(小米)처럼 쌀미(米)자로 끝나는 이름의 회사가 13개 있는데 이들이 웨어러블, TV, 랩톱컴퓨터 등 주요 제품을 만든다. 샤오미와 순웨이캐피털이 투자한 회사가 80곳이 넘는다. 이들 스타트업은 샤오미 브랜드로 샤오미의 유통망을 통해 제품을 판매한다. 선순환의 생태계를 이룬 것이다. 샤오미의 웨어러블 미밴드를 생산하는 화미는 지난 2018년 2월 초 미국 나스닥에 상장해 1억 달러가 넘는 자금을 조달했다. 샤오미의 관계 회사들도 유니콘스타트업으로 성장 중이다.

샤오미 생태계를 만든 원동력은 샤오미의 기업 문화다. 스타트업처럼 수평적이어서 외부 회사들과 협업을 잘 하고 창업자 레이쥔이 스타트업 투자자로서의 경험과 안목을 갖추고 있기 때문이다.

인도에서의 성공은 훌륭한 현지화 전략 덕분이다. 샤오미는 인도 시장을 개척하기 위해 여타 대기업처럼 인도에 직원을 파견하지 않았다. 대신 샤오미의 공동창업자인 빈린이 인도 스타트업 창업가 출신인 30대 초반의 마누 쿠마 제인을 만나 의기투합했다. 마누가 설립한 샤오미 인도 지사는 업계 1위의 스마트폰 회사로 성장했다. 샤오미 지분도 많이 갖고 있는 그는 레이쥔과 긴밀하게 협력하면서 샤오미를 이끌어 인도인들이 샤오미를 인도 회사처럼 친근하게 느끼도록 만들었다. 샤오미는 심지어 2017년 말 인도 스타트업에 향후 5년간 1조 원대의 돈을 투자하겠다는 발표를 해 큰 환영을 받았다.

오프라인 유통망의 강자 오포와 비보 ● ● ●

젊은 층을 타깃으로 한 가성비가 좋은 스마트폰을 판매해 중국은 물론 인도와 동남아시아 시장에서도 약진하고 있는 회사가 바로 오포와 비보다. 중국을 위시해 인도, 태국, 인도네시아 등 지난 몇 년간 내가 가는 곳마다 이 두 회사의 광고가 도배되어 있었고 거리에는 이 두 브랜드의 대리점이 즐비했다.

오포와 비보는 BBK라는 모회사에서 독립한 형제 회사다. BBK는 두안융핑이 1995년에 처음 설립한 회사로 닌텐도를 모방한 게임기, 영어 학습용 전자사전 등으로 성공을 거뒀다. 오포와 비보는 2012년 말부터 본격적으로 스마트폰 시장에 뛰어들어 치열한 경쟁을 뚫고 성장했다. 두 브랜드의 스마트폰 판매량을 합치면 애플, 삼성을 위협할 정도다.

오포와 비보의 성공은 뛰어난 오프라인 유통망 구축, 가격 경쟁력 그리고 마켓팅 능력에서 비롯된다. 초기에 젊은 층을 겨냥해 온라인 위주로 스마트폰을 판매한 샤오미와는 반대로 오포와 비보는 중국의 2, 3, 4선급 중소 도시에 오프라인 유통망을 구축해나갔다. 상대적으로 인터넷 사용에 어둡고 비싼 외제 스마트폰을 사기 어려운 중국의 지방 서민층을 파고든 것이다. 모회사인 BBK가 영어 학습용 전자사전 판매를 위해 이미 전국적인 유통망을 구축해놓았기 때문에 가능한 일이었다.

가격 면에서는 삼성 스마트폰을 기준으로 그 반값에 비슷한 성능을 지닌 제품을 내놓았다. 또 정상급 글로벌 톱스타를 모델로 기용한 과감한 광고 전략으로 일반인의 눈길을 끌었다. 예를 들어 비보는 한국 드라마 〈태양의 후예〉가 중국에서 선풍적인 인기를 끌었던 2016년 파격적인 대우로 송중기를 모델로 영입하기도 했다. 전지현도 오포의 모델로 활동한 바 있다. 중국의 벤처캐피털 회사인 레전드캐피털 박준성 전무는 "이런 톱스타 마케팅 덕분에 중국 중소 도시나 동남아아시아의 고객들은 오포나 비보를 한국 브랜드로 인식하기도 했다"고 말했다.

오포와 비보는 인도에서도 현지 스타 마케팅과 동시에 젊은 층의 셀피 열풍에 편승해 큰 성공을 거두고 있다.

샤오미와 오포, 비보는 처음에는 가성비가 좋은 저가폰으로 시장점유율을 늘렸다. 3~4년 전 내가 처음 접했던 이들의 폰은 가격이 저렴한 만큼 조잡해 보였다. 하지만 샤오미 믹스2, 오포 R9 같은 신제품은 아이폰, 갤럭시 못지않은 첨단 스펙을 갖추고도 가격은 여전히 저렴하다. 더구나 이들 제품은 중국인들이 쓰기 편리하도록 소프트웨어가 중국어로 최적화되어 있는 것도 강점이다.

하지만 한국에서는 아직도 중국 스마트폰의 약진을 강 건너 불 보듯 한다. 한국 시장을 여전히 삼성과 LG가 장악하고 있기 때문인지도 모른다. 샤오미와 오포, 비보의 약진을 "특허료를 내지 않는 싸구려 짝퉁", "시장이 크니까 당연한 것 아니냐" 하는 식으로 폄하하는 분위기다.

이들을 그저 중국 정부의 지원을 받아 싸구려 폰을 만드는 회사로 평가절하해서는 안 된다. 샤오미와 오포, 비보는 스타트업 같은 기업 문화, 뛰어난 마케팅 능력, 과감한 유통망 확장, 강한 글로벌 확장 욕구 등을 갖춘 무서운 존재다. 샤오미가 계획대로 2018년 가을 100조 원 규모의 기업 가치로 홍콩 증시 상장에 성공한다면 글로벌 시장 진출에 가속도가 붙을 것이다. 이들을 과소평가했다가는 머지않아 우리 안방까지 내줄 수도 있다. ●

우버를 능가하는
디디추싱

근 2년 만에 중국에서 귀국한 지인을 만나 이런저런 이야기를 나눴다. 그간의 이야기를 풀어놓는 도중에 그가 한국에는 디디추싱과 모바이크가 없어 불편하다고 말했다. 디디추싱은 모바일 앱을 통해 가장 가까운 곳에 있는 택시나 자가용 차량을 배차해주는 중국의 승차 공유 스타트업이다. 모바이크는 자전거 공유 서비스 업체다. 그는 베이징에서 차를 구입하지 않았지만 출퇴근할 때는 공유자전거인 모바이크를 이용하고 외근을 나가거나 가족과 외출할 때는 디디추싱 차를 부르기 때문에 문제가 없다고 했다. 그러면서 그는 미국 출장을 갔다가 우버를 써봤는데 디디추싱보다 불편했다고 했다. 우버가 세계를 석권하고 있다고 해서 크게 기대했는데 별로였다는 말이다.

내가 보기에는 우버 만한 서비스가 없는데 불편하다고 해서 다소 의아했다. 그래서 그에게 디디추싱 앱을 보여달라고 했다. 그의 아이폰에서 디디추싱 앱을 열어보니 굉장히 많은 서비스가 있고 이용할 수 있는 차편이 매우 다양했다.

디디추싱 앱 들여다보기 ● ● ●

가장 대표적인 서비스는 콰처다. 택시가 아니라 개인이 자가용으로 영업하는 차량을 부르는 서비스다. 지에송지는 공항까지 데려다주거나 혹은 공항에서 데려올 때 이용하는 서비스로 비행기 시간만 알려주면 직접 가지 않아도 누군가를 송영할 수 있다. 바오처는 기사가 딸린 차량을 일정 시간 빌리는 서비스로 2시간, 4시간, 8시간, 10시간 단위로 이용할 수 있다. 물론 택시도 이용 가능한데 이 서비스는 예약도 된다. 콰이처는 콰처보다 더 낮은 등급의 차량을 부르는 서비스로 저렴하게 탈 수 있다. 반대로 '호화 차'라고 적혀 있는 서비스도 있는데 이를 선택하면 고급 차가 올 듯싶다.

그밖에도 같은 방향으로 가는 사람들을 연결해주는 카풀 서비스인 슌펑처, 대리 운전 서비스인 다이지아, 렌터카 서비스인 쯔지아쭈처, 노인을 위한 경로 택시 서비스 등이 있다. 디디추싱의 제휴회사인 오포의 자전거를 이용하거나 중고차를 거래하는 서비스도 있다.

디디추싱 앱에서 베이징 시청에서 칭화대학을 가는 경로를 검색하면 디디추싱 차를 부르는 것뿐 아니라 버스, 지하철 노선도 표시된다. 어디를 가는 방법을 찾을 때 대중교통을 이용하는 방법, 공유자전거와 대중교통을 이용하는 방법 혹은 공유자전거와 디디추싱 차를 이용하는 방법은 물론 예상 요금까지 나온다.

디디추싱은 바이두 지도 같은 지도 앱을 따로 쓸 필요가 없다. 고객센터 화면에는 최근 승차 내역이 맨 위에 나와 있다. "기사가 길을 모릅니다", "물건을 두고 내렸습니다", "기사가 추가 비용을 요구합니다" 등 자주 묻는 질문은 아예 버튼으로 되어 있어 이를 선택하면 곧바로 상담원과 통화해 문제를 해결할 수 있다. 마지막으로 디디추싱을 이용할 때마다 포인트가 쌓이는데 그걸로 쇼핑몰 등에서 물건을 사거나 음식 배달을 시킬 수 있다. 이분은 얼마나 디디추싱을 자주 이용했는지 포인트가 4000점이나 쌓여 있었다.

자세히 들여다보니 디디추싱이 우버보다 낫다고 한 그의 말이 이해가 됐다. 이 정도 수준일 것이라고는 전혀 예상하지 못했는

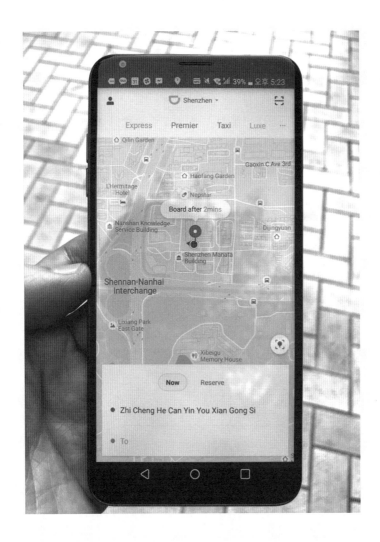

디디추싱 앱의 영어 화면

데 솔직히 감탄했다. 디디추싱은 이동에 관한 한 종합 서비스를 제공하는 말 그대로 종합 교통 앱이다. 디디추싱은 자신들이 교통체증, 이산화탄소 배출량, 교통사고도 줄이고 있다고 주장한다.

디디추싱은 2012년에 택시 서비스로 시작해 매년 다양한 서비스를 추가하면서 급성장해왔다. 기업 가치가 약 540억 달러(58조 원)에 달했고 누적 금액을 합하면 170억 달러(약 18조 원)을 투자받은 중국에서 가장 큰 유니콘스타트업이다. 이는 약 720억 달러의 기업 가치를 지닌 우버에 크게 뒤지지 않는 수준이다. 일본의 소프트뱅크, 미국의 애플 등이 조 단위 투자를 했고, 2018년 4월에는 미래에셋대우가 2800억 원 규모의 펀드를 만들어 디디추싱에 투자했다. 2017년 9월 디디추싱이 밝힌 하루 승차 횟수는 2500만 번이다.[20] 1분에 1700여 회의 승차가 이뤄지는 셈이다. 실로 어마어마한 숫자이며 승차 횟수로는 우버를 훨씬 넘어선다.

디디추싱은 중국인이 어떻게 이동하는지를 한눈에 파악할 수 있는 데이터를 확보한 회사가 됐다. 2018년 2월에 열린 연례 총회 연설에서 류칭 디디추싱 대표는 "글로벌 모빌리티 서비스에서 1등 업체가 되면 시가총액이 1조 달러에 달하는 회사가 될 수 있다"고 비전을 이야기했다.[21] 약 900조 원이 넘는, 전 세계에서 시가총액이 가장 높은 애플을 능가하는 회사가 되겠다는 야심을 피력한 것이다. 다소 황당하게 들릴 수 있지만 전 인류가 매일 버스, 택시, 지하철 등 대중교통 수단부터 자가용 구입과 운행 등에 사용하는 비용을 생각해보면 전 세계 교통 서비스 시장의 규모가 엄청나다는 것을 알 수 있다. 이 시장에서 전 세계 1등이 되어 세계 최대의 회사가 되겠다는 그녀의 비전이 꼭 허황되지는 않은 것이다.

2015년에 상하이에서 처음 접했을 때와 비교해 그동안 엄청난 발전을 거듭한 디디추싱의 앱을 들여다보면서 한국은 정말 갈 길이 멀다는 생각이 들었다. 한국에서는 우버, 디디추싱 같은 승차 공유 서비스가 규제로 인해 금지되어 있기 때문에 이런 서비스로 어떻게 시민들의 생활 편익을 높일 수 있는지도 전혀 알지 못하는 상태다.

아직도 택시를 호출해 이용하는 카카오 택시서비스 정도에 머물러 있다. 미국과 중국에서는 5~10년 전에 머물러 있는 것이다. 전 세계가 우버와 디디추싱 같은 서비스가 주도하는 모빌리티 시장으로 진화해갈 것은 명약관화한 일이다. 이 상태라면 규제가 풀렸을 때 우버와 디디추싱 같은 해외 공룡 서비스에 한국의 모빌리티 시장이 곧바로 잠식당할 수도 있다. ●

중국 스타트업
생태계가 작동하는 법

　　● 최근 몇 년간 중국에 갈 때마다 듣는 이야기가 있다. "실리콘밸리보다 중국의 스타트업 열기가 더 뜨겁다", "스타트업 투자금이 넘쳐난다. 너무 과열됐다", "명문대를 나왔는데 친구들이 대기업에 가지 않고 거의 다 창업했다". 기업 가치가 1조 원 이상인 글로벌 유니콘스타트업의 숫자만 봐도 중국인들이 이런 이야기를 하는 이유를 알 수 있다.

　　2018년 3월 현재 스타트업 분석 업체 CB인사이츠가 집계한 글로벌 유니콘스타트업 236개 중 28퍼센트인 66개 사가 중국 스타트업이다.[22] 116개 사로 가장 많이 보유한 미국을 절반 수준까지 따라잡았다. 그다음으로 유니콘스타트업이 많은 국가는 인도로 한참 뒤떨어져 10개 사가 있고 한국은 쿠팡과 옐로모바일 2개 회사만 이름이 올라가 있다.

중국의 스타트업 생태계가 이렇듯 활성화될 수 있었던 이유는 무엇일까. 어느 모임에서 레전드캐피털 박준성 전무의 발표를 듣고 이 질문에 대한 해답을 찾을 수 있었다. 레노보그룹이 설립한 중국 최고의 벤처캐피털 회사인 레전드캐피털에서 12년째 일하고 있는 박 전무는 중국 스타트업 생태계의 키워드를 여섯 가지로 설명했다.

첫째는 지속적인 슈퍼스타 기업가의 탄생이다. 알리바바의 마윈, 텐센트의 마화텅, 바이두의 리엔훙 외에도 유니콘스타트업 창업으로 거부가 된 슈퍼스타 창업가들이 속속 등장하고 있다. 66개의 유니콘스타트업 창업자들은 모두 자산 가치가 수천억 원에서 수조 원이 되니 수많은 젊은이들이 이들을 역할 모델 삼아 다양한 영역에서 창업을 하고 있는 것이다. 박 전무는 중국에서 매일 20억 위안(한화 약 3400억 원) 이상의 자산가가 탄생하고 있다고 말했다.

둘째는 다양한 분야에서 창업이 이뤄지는 것이다. 꼭 IT 혁신 영역뿐 아니라 다른 나라에서는 이미 성숙기에 진입한 전통 산업 시장에서도 지속적으로 창업이 되고 기회가 창출된다. 예를 들어 약국, 병원, 부동산 등 전통 산업 영역에서도 새로운 도전이 끊이지 않으며 지속적으로 성장해 주식시장에 상장한다. 한국은 영리 병원이 금지돼 있지만 병원도 주식시장에 상장해 조 단위 가치를 지닌 회사가 되는 나라가 중국이다.

셋째는 만인의 창업이다. 스타트 업계에 끊임없이 다양한 인재가 유입된다. 본토 출신 대학생들이 졸업 후 연간 23만 명 이상 새로운 사업에 도전하며 수많은 해외 유학생들이 중국으로 돌아와 창업한다. 알리바바, 텐센트 등 이미 성공한 기업의 임직원들도 안주하지 않고 창업을 계속한다. 리커창 총리는 '대중창업, 만인혁신'이란 구호를 외치며 중국의 창업 붐을 가속화시켰다. 그는 창업을 통한 혁신이 향후 중국의 강력한 성장 동력이될 것이라고 이야기했는데 그 생각이 맞아 떨어진 것으로 보인다. 특히 토종 중국 국내파(차오건)인 청웨이와 해외 유학파(하이구이)인 류칭 같은 인재가 손을 잡고 창업해 성공한 디디추싱 같은회사가 돋보인다.

넷째는 풍부한 자금 조달 환경이다. 중국에서는 2000개가 넘는 벤처캐피털 회사가 활동 중이다. 전 세계 벤처캐피털 회사의 각축장이라고 하겠다. 한국의 10배가 훨씬 넘는 규모다. 엔젤투자자도 많고 성공한 스타트업 창업가들이 만든 펀드도 많다. 스타트업에서 시작해 대기업으로 성장한 알리바바, 텐센트, 바이두 등도 스타트업 투자에 열성이다. 이 세 회사만 3년간 100조 원 가까이 투자했다. 실리콘밸리 벤처캐피털도 중국에 대거 진출해 있다. 풍부한 자금 덕분에 중국의 스타트업은 빠르게 유니콘 급으로 성장하고 메가 거래도 많아진다.

다섯째는 큰 위험을 감수하는 대신 대박을 터뜨릴 수 있는(High Risk High Return) 투자 환경이다. 물론 중국에서도 스타트업의 성공 비율은 매우 낮다. 하지만 실리콘밸리처럼 성공하는 경우 큰 시장을 잡을 수 있기 때문에 수익률도 높다. 예를 들어 주메이닷컴(Jumei.com)에 투자한 세콰이어캐피털은 183배의 투자수익을 거뒀다. 제이디닷컴(JD.com)에 투자한 캐피털투데이는 177배의 투자수익률을 올렸다. 이런 홈런 투자가 가능한 시장이기 때문에 실패할 수도 있는 벤처투자에 거액을 베팅한다.

마지막으로 이런 선순환을 만드는 중국 정부의 독특한 방임과 규제 정책이다. 중국 정부는 인터넷 동영상 서비스, 차량 공유 서비스, 핀테크 서비스 등 새로운 산업 영역이 등장하면 바로 규제하지 않고 방임한다. 업계에서 치열한 경쟁을 통해 어느 정도 경쟁력 있는 승자가 등장할 때가 돼서야 비로소 규제안을 만든다. 처음부터 규제에 들어가 새로운 싹을 잘라버리는 일은 없다는 이야기다. 예를 들어 우버 같은 차량 공유 서비스가 2011년 처음 중국에서 시작됐을 때 디디다처, 콰이디다처 등 많은 스타트업들이 우후죽순처럼 등장했다. 그리고 이들의 자가용을 이용한 유상 운송 서비스 제공은 위법 요소가 있다는 지적도 나왔

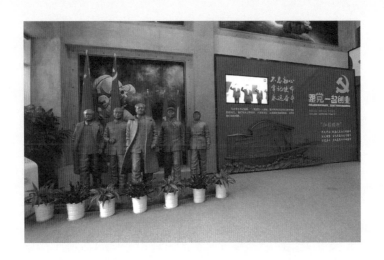

중국 선전시의 선전만 창업 광장에 전시된 '당과 함께 창업을' 슬로건. 중국 정부가 얼마나 창업 분위기 조성에 열심인지 알 수 있다.

고 택시 운전사들도 항의에 나섰지만 당국은 별다른 제재가 없었다. 그리고 디디다처와 콰이디다처가 합병해 디디추싱이 등장하고, 디디추싱이 우버차이나까지 합병한 2016년에 들어서야 '인터넷 콜택시 경영 서비스 관리규정'이란 규제안을 만들어 합법화시켰다. 어떤 면에서 보면 새로운 산업이 탄생해 자리를 잡을 수 있도록 기회를 열어주는 것이다.

박 전무는 이런 상황이기 때문에 중국에서는 대기업에 다니는 것보다 창업자가 되는 것이 훨씬 낫다고 말했다. 대기업은 물론 고액 연봉을 받으며 유명 투자은행, 컨설팅 회사 등에 다니는 인재들이 뛰쳐나와 창업을 한다는 것이다. 이들이 성공해 유명해지면서 사회적 영향력을 얻고 많은 젊은이에게 영감을 주면서 저절로 선순환이 이뤄지게 된다. 정말 중국의 창업 생태계가 실리콘밸리 못지않은 것이다.

반면 한국은 어떨까. 국민 모두가 알 만한 창업 슈퍼스타는 찾아보기 어렵다. 세세한 정부 규제 때문에 규제가 없는 서비스업에만 창업이 몰려 있다. 스타트업에 대한 소액의 초기 투자는 늘었다고 하지만 큰 기업으로 성장하기 위해 거액이 투자되기는 어려운 환경이니 유니콘스타트업도 나오기 어렵다. 2014년 쿠팡과 옐로모바일이 유니콘스타트업이 된 이후 아직 공식적으로 해외에 알려진 후속 유니콘스타트업이 나타나지 않고 있는 상태다. 대규모의 상장이나 기업 인수 등 투자자에게 큰돈을 벌어주는 스타트업 엑시트가 거의 없다 보니 위험을 감수하는 과감한 투자가 이뤄지기 힘들다.

스타트 업계를 비교하면 마치 중국이 자본주의 국가이고 한국이 사회주의국가 같다. 그만큼 중국은 규제가 없고 자유로운 창업과 투자가 가능한 반면 한국은 정부 규제와 통제가 많고 그런 환경이 큰 스타트업이 나오기 어렵도록 만든다. 이것만 봐도 우리 정부가 해야 할 일이 무엇인지 분명해진다. 중국 이상으로 규제를 풀고 뭐든지 해볼 수 있는 환경을 조성해야 새로운 성장 산업을 키울 수 있다. 어렵지만 꼭 해야 하는 일이다. ●

미중 인공지능
양강 시대

● 중국의 인공지능 산업 발전 현황에 관심이 있던 차에 지난 2017년 말 매사추세츠공과대학에서 있었던 리카이푸의 강연을 유튜브를 통해 보게 됐다.[23] 리 박사는 구글 전 중국 지사장으로 지금은 시노베이션벤처스라는 투자 회사를 만들어 중국 스타트업에 활발히 투자하는 인물이다. 중국의 트위터인 웨이보에서 팔로어가 5000만 명이 넘을 정도로 중국 IT 업계에서 큰 인기를 얻으며 존경을 받는 슈퍼스타다.

그의 강연을 듣고 나니 인공지능 산업에 있어서 이미 미국과 중국의 양강 시대가 열렸고 중국이 이 미래 산업에서 미국을 앞서기 위해 전력 질주할 것임을 알 수 있었다. 중국의 인공지능의 발전은 또 어떻게 전개되고 있는 것인가. 그의 강연 내용을 소개한다.

10년 전만 해도 중국 대입시험에서 가장 높은 점수를 받은 수재들은 경영학과나 경제학과로 진학했다. 당시에는 골드만삭스 등 글로벌 투자은행에서 중국인을 채용하면서 연봉을 글로벌 수준으로 맞춰준다고 했기 때문이다. 그런데 지금은 수학학과나 컴퓨터학과에 중국의 인재가 몰린다고 한다. 인공지능 분야로 취업하면 일반 기업에 비해 50퍼센트 가량 연봉을 더 받을 수 있기 때문이다.

이런 이유로 중국에는 인공지능 개발에 필요한 이공계 인재 자원이 많다. 이런 많은 인공지능 인재가 창업해 훌륭한 회사들을 만들고 있다. 안면 인식 분야에서 세계 최고의 기술력을 지닌 중국 스타트업 페이스플러스플러스(Face++)가 대표적인 사례다. 구글, 페이스북보다 기술력이 앞서는 이 회사의 창업자는 인공지능 천재들이다. 리 박사의 강연을 듣고 페이스플러스플러스에 대해 조사한 결과 20대 청년들이 만든 이 스타트업이 2017년 10월 약 5000억 원의 투자를 받아 유니콘스타트업이 됐다. 전 세계에서 발표되는 인공지능 관련 논문 중 중국계 학자의 저작물이 전체의 43퍼센트에 달한다. 중국 인재들의 인공지능 산업에 대한 공헌도는 갈수록 커지고 있다.

인공지능 관련 제품의 성공에 있어 가장 중요한 것은 데이터다. 데이터가 많아야 알고리즘을 시험하고 개선할 수 있기 때문이다. 그런 면에서 중국은 데이터의 보고라고 할 수 있다. 우선 중국은 전 세계에서 스마트폰을 가장 많이 쓰는 나라이기에 당연히 데이터가 가장 많이 나온다. 중국에서는 미국보다 3배 이상 많은 스마트폰이 사용되고 있다. 하지만 스마트폰 사용을 통해 나오는 데이터의 양은 훨씬 더 차이가 난다.

예를 들어 모바일 페이 사용량은 중국이 미국의 50배에 달하고 음식 배달 건수도 미국의 10배다. 중국은 실생활과 관련된 많은 데이터가 온갖 분야에서 무섭게 쌓이고 있다. 주요 인터넷 서비스에 대한 하루 주문 건수가 2000만 건을 달성하는 데 소요된 기간을 살펴보자. 알리바바의 온라인 쇼핑몰 타오바오가 80개월, 디디추싱이 50개월 걸린데 반해 모바이크는 불과 10개월 만에 하루 2000만 건을 달성했다.

중국의 공유자전거 열풍에 대한 미국의 많은 부정적인 기사는 사실과 다르다. 공유자전거는 고객을 위한 가치를 창출하고 있으며 무엇보다 친환경적이다. 머지않아 많은 돈을 벌 수 있는 비즈니스 모델을 만들어낼 것이다.

모바일 페이는 중국에서 구조적인 변화를 일으키고 있다. 개인 간 거래가 주를 이루는 중국 소상공인들 사이에서 신용카드와 달리 3퍼센트의 수수료를 지불하지 않아도 되는 모바일 페이는 엄청난 속도로 보급됐다. 또한 모바일 페이 덕분에 소비가 용이해지면서 중국의 경제는 저축경제에서 소비경제로 탈바꿈했다. 그리고 인공지능 기술을 통해 온라인과 오프라인이 통합되고 있다. 알리바바, 텐센트, 디디추싱 등 온라인 기업들이 인공지능 기술을 기반으로 오프라인 매장을 열고 있다.

중국은 이제 미국과 어깨를 나란히 하는 혁신 국가가 됐다. 처음에는 미국 회사들을 모방했지만 더욱 개선된 웨이보(트위터 모방), 지후(쿼라 모방), 타오바오, 알리페이, 위챗 등의 서비스가 출시됐고 뉴스 서비스인 토우티아오, 공유자전거 모바이크 등 인공지능을 기반으로 중국만의 혁신이 시작됐다. 지금은 위챗에서 배운 애플의 아이메시지, 중국의 공유자전거를 벤치마킹한 미국의 라임바이크, 중국 전자상거래를 본뜬 인도네시아의 토코피디아, 알리페이 방식의 모바일 페이인 인도의 페이티엠 등 세계 각국에서 중국의 혁신을 모방한 제품이 나오는 단계에 이르렀다.

이런 식으로 중국과 미국은 인공지능 기술 경쟁을 하고 있다. 인터넷 데이터에서는 중국이 우세한 반면 상용 데이터에서는 미국이 앞서 있다. 실제 생활 데이터를 놓고 보면 중국이 우세하다. 중국의 인공지능 투자 관련 기업은 빠르게 증가하고 있으며 중국 정부의 벤처캐피털 매칭 펀드도 어마어마한 규모다.

기업들의 주가를 보더라도 중국의 인공지능 관련 회사들이 미국을 앞서고 있음을 알 수 있다. 5억 명의 중국인들이 사용하는 음성인식 기술 기업 아이플라이테크는 시가총액에서 세계적인 음성인식 기술 기업인 미국의 뉘앙스(Nuance)를 넘어섰다. 2018년 현재 아이플라이테크의 시가총액은 11조 원이 넘는데 반해 뉘앙스는 5조 원에도 못 미친다. 그밖에도 인공지능 카메라를 만드는 하이크비전, 인공지능 로봇을 만드는 유비테크 등 인공지능 스타트업들의 몸값은 무섭게 상승하고 있다.

중국 정부는 인공지능 산업을 키우는 것을 최우선 과제로 삼고 적극 지원하고 있다. 미국은 오바마 정부 시절인 2016년에 인공지능 백서를 발표한 후 별다른 진전이 없는데 반해 중국은 2017년 7월 인공지능 산업 발전 계획을 발표하고 제19차 공산당대회에서 시진핑 주석이 구체적인 계획을 밝혔다.

이와 같은 계획을 세우고 실행하는 데 있어 중국 정부는 이미 훌륭한 성공 사례를 가지고 있다. 2010년 세계 최대 규모의 고속철도 시스템을 건설하겠다는 목표를 세웠는데 2016년에 2595대의 열차로 전 세계 고속철도의 60퍼센트 이상을 점유하는 실적을 올렸다.

바야흐로 미국과 중국의 인공지능 양강 시대가 열렸다. ●

구글 전 중국 지사장 리카이푸. 현재는 시노베이션 벤처스 CEO로
스타트업에 활발하게 투자하고 있다.

중국의
신 4대 발명

　　● 지난 2014년 여름 6년 만에 다시 중국을 방문했다가 깜짝 놀랐다. 구글, 페이스북, 트위터 등 미국의 거대 인터넷 회사의 서비스가 완벽하게 차단되어 있었던 것이다. 뿐만 아니라《뉴욕 타임스》등 내가 즐겨 보는 미국 뉴스 사이트에도 접속할 수 없었다. 당시 일본과 동남아에서 급격히 성장 중이던 네이버 라인 메신저도 접속이 잘 되지 않았다.

　　2008년 상하이에 갔을 때는 그 정도로 심각하지는 않았다. 구글도 되고 페이스북도 접속됐다. 중국 인터넷이 그렇게까지 꽉 막혀 있을 줄은 몰랐다. 요즘은 많은 회사들이 구글 서비스를 이용해 회사 이메일을 주고받고 페이스북이나 트위터를 일상적으로 쓰는 사람도 많다. 나 역시 마찬가지인데 중국의 만리장성 인터넷 안으로 들어가니 바깥세상과 단절된 느낌이었다. 나중에 알고 보니 내 컴퓨터가 중국이 아니라 해외 망에 있는 것처럼 바꿔주는 VPN(사설 인터넷 네트워크) 소프트웨어를 쓰면 구글, 페이스북 등이 사용 가능하기는 했다. 하지만 여전히 속도가 느리고 끊기기 일쑤여서 중국에 있는 한은 구글, 페이스북 등을 아예 안 쓰게 된다는 사람들이 많다.

도대체 이런 중국에서 무슨 혁신이 일어날 수 있을까. 구글조차 항복하고 나가게 만드는 나라에서 무슨 혁신적인 서비스나 제품이 나올 수 있을까. 당시 나는 이렇게 생각했다. 하지만 돌이켜보니 내가 틀렸다. 중국이라는 광대한 인구와 영토를 가진 시장, 삼국지를 방불케 하는 인터넷 공룡 회사들의 불꽃 튀는 경쟁, 국민의 생활과 국익에 도움이 되는 신산업을 키우기 위한 중국 정부의 규제 방임 정책이 어우러져 놀라운 변화가 일어난 것이다. 그것을 상징하는 것이 소위 중국의 '신 4대 발명'이다.

알다시피 고대 중국의 4대 발명은 화약, 나침반, 제지, 인쇄술이다. 중국인이 자랑스러워하는 혁신이다. 2017년 베이징외국어대학이 중국에 유학 온 루마니아, 인도네시아 등 일대일로(중화인민공화국과 동남아시아, 중앙아시아, 북아프리카, 유럽을 도로, 철도, 해로 등으로 잇는 인프라, 정책, 무역, 금융, 문화 교류를 위한 경제벨트) 상에 있는 20개국 학생들을 대상으로 "모국으로 돌아갈 때 가장 가져가고 싶은 것은 무엇이냐"고 물었다. 학생들은 고속철도, 모바일 페이, 공유자전거, 전자상거래의 순으로 본국으로 가지고 가고 싶다고 답했다. 이것이 나중에 중국의 '신 4대 발명'이라고 언론에 보도되면서 큰 화제가 됐다.

어떻게 보면 이 네 가지 기술은 이미 존재하는 것 같지만 중국이 큰 시장을 배경으로 개량을 거듭해 국민이 편리하게 사용하고 이제는 거꾸로 전 세계로 수출되고 있다는 공통점이 있다. 중국 밖에서 보면 해외에는 이미 존재하는 것을 왜 새삼스럽게 중국의 신 4대 발명이라고 했는지 이해되지 않고 중국인 특유의 허풍이라고 생각하기 쉽다. 나도 처음에 별것 아니라고 생각했지만 자세히 들여다보니 왜 중국에서 공부한 외국 학생들이 이것을 신 4대 발명으로 꼽았는지 이해할 수 있었다.

전자상거래부터 살펴보자. 인터넷 쇼핑은 물론 미국에서 처음 등장해 아마존 등이 성장하면서 꽃을 피웠다. 한국에서도 쿠팡의 로켓 배송 등을 누구나 편리하게 이용하고 있다. 중국에서는 한술 더 떠 알리바바나 제이디닷컴 같은 회사들이 엄청난 물량을 매우 신속하게 배송하면서 중국인의 생활을 바꿔놓고 있다. 그 정점에 있는 것이 매년 11월 11일에 열리는 광군제라는 온라인 쇼핑 페스티벌이다.

엄청난 주문량을 처리하면서도 각종 할인 혜택과 이벤트를 마련하고 광대한 국토에서 빠르게 배송하는 알리바바의 능력 자체가 혁신이다. 알리바바 같은 인터넷 공룡 회사들은 이제 온라인과 오프라인을 연결하는 '신 유통' 사업에 뛰어들었다. 빅데이터, 인공지능의 기술을 이용해 고객이 더 편리한 쇼핑 경험을 하고 필요하면 오프라인 유통 거점을 이용해 신속하게 배송을 받는 방식으로 바뀌고 있다.

이런 온라인 쇼핑에서 더 편리하게 결제하려는 노력에서 모바일 페이가 탄생했다. 알리페이와 위챗페이로 대표되는 모바일 페이의 원리는 간단하다. 내 알리페이나 위챗페이를 열고 상점의 QR 코드를 스캔하거나 혹은 편의점에서 계산할 때 내 알리페이나 위챗페이의 지갑을 열고 상점 직원이 QR 코드를 스캔하도록 하면 된다. 그러면 순간적으로 계산이 된다. 스마트폰의 NFC(근거리무선통신) 태그 같은 첨단 기술을 사용한 것도 아닌 지극히 단순한 방법이다. 매번 스마트폰의 앱을 열어야 하니 신용카드를 쓰는 것보다 불편한 것 아니냐는 지적도 있다. 여기에 무슨 혁신이 있냐고 할 수 있다.

하지만 역설적으로 단순한 기술이기 때문에 널리 퍼졌다. 굳이 최신 스마트폰을 사용하지 않아도 오래된 구형 스마트폰으로도 문제없이 모바일 페이를 이용할 수 있다. 상점 주인 입장에서도 비싼 신용카드 결제 단말기를 구입해 높은 수수료를 내지 않아도 쉽게 고객들의 돈을 받을 수 있다. 위조지폐인 경우가 많은 현금을 받는 위험을 감수하지 않아도 된다. 더구나 모바일 쇼핑을 할 때 찰떡궁합이다. 버튼만 누르면 결제가 된다. 돈을 쓰기가 너무 편해지니 소비가 늘어난다.

알리페이와 위챗페이에는 전기료, 수도 요금, 하수도 요금 등 각종 공공요금을 쉽게 내는 기능도 있고 또 병원 등을 예약하는 기능까지 있다. 실제 2018년 3월 상하이를 방문했을 때 위챗페이 지갑에 돈을 충전하고 직접 사용해봤다. 예전에 중국에 방문했을 때 해외 신용카드도 안 되고 현금도 받지 않아 낭패를 봤던 적이 있었기 때문이다.

위챗페이를 사용해보니 신세계가 열렸다. 처음 사용할 때 미리 정해놓은 6자리 비밀번호로 인증한 후 결제를 할 때마다 손가락을 꾹 누르는 지문 인증으로 돈을 내는 것이 가능했다. 사흘 머무르는 동안 실제로 현금이 필요했던 경우는 유명 관광지인 예원의 매표소와 만두 가게뿐이었는데 이곳들은 외국인들이 많이 이용해 그런 듯싶다. 지하철은 위챗페이로 구매한 IC 교통카드를 이용했는데 그 조차도 이제는 QR 코드 스캔으로 입장이 가능하도록 바뀌어 있었다.

며칠째 지갑에 손을 댈 일이 없다 보니 지갑을 잃어버린 것이 아닌가 착각할 정도였다. 중국에서 더 이상 지갑이 팔리지 않는다는 이야기를 들은 일이 있는데 과연 그렇겠다는 생각이 들었다. 이처럼 중국은 알리페이와 위챗페이 덕분에 신용카드 보급 단계를 건너뛰고 단숨에 지갑 없는 사회로 탈바꿈했다.

모바일 페이의 혁신이 또 다른 4대 발명인 공유자전거를 낳았다. 공유자전거는 사실 새로운 것이 아니다. 뉴욕이나 샌프란시스코 같은 곳에는 시티바이크 같은 공유자전거가 이미 도입되어 있다. 하지만 기존의 공유자전거는 대개 정해진 대여소에서만 자전거를 빌려 타고 반납해야 하는 불편함이 있다. 회원 가입을 하고 결제를 하는 과정도 불편하고 목적지 부근에 대여소가 없는 경우도 많아 자주 이용하기 힘들었다. 중국의 스타트업들은 이런 문제를 기술로 돌파했다. 중국의 스타트업에 쏟아지는 풍부한 자금과 싼값에 자전거를 대량 생산해낼 수 있는 제조업 기반을 이용해 새로운 대중 혁신을 만들어낸 것이다.

모바이크의 공동창업자인 후웨이웨이는 창업 전에 자동차 전문 기자로 10년을 일했다. 그녀는 2014년 투자자들과 이야기하던 중 "QR 코드로 결제하는 공유자전거 서비스를 할 생각 없느냐"는 말을 들었다. 대여소에 반납할 필요가 없이 누구나 쉽게 빌리고 아무 데서나 반납할 수 있게 하자는 아이디어였다. "그렇게 하다가 자전거를 도둑맞으면 어떻게 하냐"는 부정적인 의견이 대다수였지만 그녀는 그 아이디어로 창업했다.

QR 코드 기반으로 알리페이, 위챗페이를 통해 편리하게 뭐든지 결제할 수 있는 중국에서 공유자전거에 QR 코드를 적용하는 것은 확실히 좋은 아이디어였던 것이다. 그리고 GPS 위치 확인 기능을 이용해 자전거의 위치를 찾아 이용하고자 하는 고객에게 알려주면 자전거를 잃어버리는 문제도 해결할 수 있었다.

이후 벌어진 상황은 다분히 중국적이다. 2016년 4월 모바이크가 처음 서비스를 선보인 후 모바이크의 아이디어를 모방한 스타트업이 수백 개나 쏟아져 나왔다. 모바이크는 주황색, 오포는 노란색 그리고 수많은 경쟁사들이 온갖 색깔과 무늬의 자전거를 들고 나와 중국 거리에 펼쳐놓았다.

돈이 넘치는 중국의 스타트업 환경 덕분에 이들 기업에 엄청난 돈이 투자됐다. 2015년 1월 회사를 설립한 모바이크가 첫 시리즈A 투자로 300만 달러를 받은 것은 10월의 일이었다. 다음해인 2016년에는 약 1200억 원, 2017년에는 텐센트 등으로부터 약 8700억 원의 투자를 받으며 유니콘스타트업이 됐다. 모바이크의 경쟁사인 오포는 한술 더 뜬다. 오포는 2017년에만 1조 2000억 원이 넘는 돈을 투자받았는데 얼마 전인 2018년 3월에는 약 9000억 원의 추가 투자 유치에 성공해 세상을 놀라게 했다.

2년간의 치열한 경쟁 끝에 100여 개의 자전거 스타트업들은 대부분 정리되고 오포와 모바이크가 확실한 2강으로 자리 잡았다. 그리고 이 두 회사는 경쟁적으로 세계 진출에 나서고 있다. 오포의 경우 전 세계 20여 개국 250여 개 도시에 진출해 있다.

해외 언론에는 중국의 공유자전거 붐이 자전거 쓰레기를 양산해 골칫거리가 됐고 현금이 바닥난 공유자전거 회사들이 망할지도 모른다는 기사가 연일 나왔다. 나는 중국 선전과 상하이를 방문했을 때 실제로 그런지 주의 깊게 살펴봤다. 정말 눈을 돌리는 곳마다 공유자전거가 있었다. 대부분 노란색 오포와 주황색 모바이크였다.

사람들이 타고 다니는 자전거의 80퍼센트 가까이는 공유자전거인 것 같았다. 하지만 보기 흉하게 방치된 자전거는 많지 않았다. 특히 상하이는 자전거나 오토바이를 정차시키는 구역이 하얀색으로 확실히 구분되어 있었고 대체로 그 안에 자전거를 세웠다. 동방명주탑 등 주요 관광지 중에는 공유자전거가 들어갈 수 없는 구역이 있었고 잘 지켜졌다. 또 주택단지 등 내부에는 공유자전거를 가지고 들어가면 안 된다는 표식이 붙여진 곳이 많았다. 혼란 속에 이제는 어느 정도 규칙이 만들어져서 정착되고 있는 것이다.

선전에서 만난 벤처캐피털리스트 루샨은 "이미 너무 많은 사람이 일상적으로 매일 공유자전거를 이용하고 있다. 이제 규제를 할 수 있는 단계를 지났다"라고 말했다.

마지막으로 고속철도를 보자. 중국은 2008년 베이징과 톈진 간 고속철을 개통하면서 다른 나라에 비해 고속철 건설 경쟁에 늦게 뛰어들었다. 하지만 불과 9년 만에 고속철 운행거리에서 일본의 신칸센을 제치고 세계 1위가 됐다. 2016년 말 기준 중국 고속철의 운행거리는 2만 200킬로미터로 전 세계 고속철 노선의 60퍼센트를 차지할 정도다.

고속철은 서울에서 도쿄나 베이징만큼 멀리 떨어져 있는 베이징과 상하이가 일일생활권이 되도록 했다. 고속철이 등장한 이후 중국의 비즈니스맨들은 베이징과 상하이 간 고속철을 타고 다닌다. 베이징에서 상하이는 비행기로 2시간 거리지만 도심에서 떨어진 공항에 1시간은 미리 가서 탑승해야 하는 등 번거로운 절차를 거쳐야 한다. 하지만 고속철은 예약, 취소가 쉽고 두 도시의 도심을 바로 연결해준다.

또 중국 고속철은 저렴하다. 서울과 부산 간 KTX는 약 417킬로미터 구간에 일반실이 약 6만 원쯤 되는 데 비해 베이징에서 상하이 간 고속철은 구간 길이는 약 1300킬로미터로 서울에서 부산의 3배 정도 되는 거리지만 요금은 약 9만 4000원으로 거리당 평균 요금이 한국의 절반 정도라고 할 수 있다. 세계 어느 고속철과 비교해도 가장 싼 요금 수준을 자랑한다.

이렇게 중국의 수십 개 주요 도시의 이동 시간을 고속철이 크게 단축시키고 있다. 예를 들어 2018년 하반기에 개통될 광저우와 홍콩 간 고속철은 기존 2시간 걸리던 이동 시간을 48분으로 단축시킬 예정이다. 광조우에서 홍콩 출퇴근이 어렵지 않게 된 것이다.

현금을 아예 받지 않는 선전의 커피숍(위)과 선전 시내의 어느
건물 앞에 비치된 공유자전거(아래)

한 상하이 시민은 "일반인들도 고속철 덕분에 주변 여행을 더 많이 다니게 된 것 같다"고 말했다. 중국의 주요 벤처캐피털인 GGV캐피털의 관계자는 2017년 미국 IT 미디어 《테크노드》에 기고한 칼럼에서 고속철이 중국의 22개 광역 도시권을 촘촘히 연결하면서 경제를 활성화시키고 더 많은 유니콘스타트업이 나오도록 할 것이라고 예상했다.[24]

중국의 신 4대 발명은 이제 중국에서 얼마나 빠르게 모바일 혁명(모바일 페이, 모바일 쇼핑)과 교통 혁명(공유자전거, 고속철)이 일어나고 있는지 보여준다. 이런 이유로 중국에서 유학한 유학생들이 이것들을 본국으로 가져가고 싶어 하는 것이다. ●

중국은 실리콘밸리를
넘어설 것인가

● 1990년대 중반부터 실리콘밸리를 오가면서 기술에 관한
한 실리콘밸리가 세계 최고의 혁신 지대라는 점에 의심을 품어
본 일이 없다. 인터넷 혁명과 함께 야후, 넷스케이프, 시스코 같
은 회사의 기업 가치가 어마어마하게 떠오르기 시작할 때는 물
론 거품이라고 생각했다. 아니나 다를까, 2000년 나스닥 폭락과
함께 거품이 꺼지자 "그럼 그렇지" 했다. UC버클리에서 유학하
던 2000년에서 2002년 사이에 그런 실리콘밸리의 모습을 직접
목도하고 실리콘밸리는 끝났다는 생각을 하기도 했다.

하지만 거품이 꺼진 자리에서 구글이 태어났다. 구글이 실리콘 밸리를 다시 일으켜 세웠다는 생각을 할 때 애플이, 스티브 잡스가 아이폰을 들고나와 세상을 바꿨다. 구글 같은 회사가 또 나올 수 있을까 생각할 즈음 페이스북이 나와 전 인류가 소셜미디어의 세계에 빠져들도록 만들었다. 미디어 세계는 유튜브와 넷플릭스가 뒤집어버렸다고 해도 과언이 아니다. 전 세계의 숙박 업계는 에어비앤비가, 택시 업계는 우버가 뒤흔들었다. 심지어는 IT의 영역이 아니라고 여겼던 자동차 업계조차 고급 전기자동차를 앞세운 테슬라가 뒤흔들고 있다. 자율주행차를 활발하게 개발하는 회사들도 구글, 우버, 인텔 등 실리콘밸리 회사들이다.

이런 파괴적 변화를 일으키는 혁신 기업이 왜 실리콘밸리에서만 나올까? 혁신 기업에 아낌없이 자금을 지원하며 밀어주는 경험 많은 벤처캐피털리스트들이 실리콘밸리에 가장 많기 때문이다. 또 소프트웨어 개발력에서 세계 최고의 경쟁력을 가진 창의적인 인재들이 전 세계에서 이 지역으로 모여들었기 때문이다.

유럽, 이스라엘, 일본, 싱가포르 심지어 뉴욕, 보스턴 등 미국의 다른 도시들도 자주 가봤지만 실리콘밸리의 기술 리더십에 도전할 만한 곳은 없었다. 이스라엘의 스타트업 생태계는 실리콘밸리의 그것과 비슷했지만 이스라엘이 워낙 작은 나라인 탓에 실리콘밸리와 비교하기는 어려웠다. 애플, 구글, 페이스북 같은 회사들이 건재하는 한, 눈 밝은 투자자들이 활발하게 넥스트 구글, 페이스북 같은 회사들을 찾아내 거액을 투자해주는 한, 실리콘밸리의 아성은 누구도 무너뜨릴 수 없을 것이다.

그런데 요즘 처음으로 중국이 실리콘밸리를 능가하는 것이 아닌가 하는 생각을 하게 됐다. 나는 원래 공산당 일당 독재 국가로 구글조차 두 손을 들고 나가도록 만든 중국에서는 혁신이 나올 수 없다고 생각했다. 그러나 중국의 인터넷 업계와 스타트업 생태계에 대해 관심을 갖고 공부하면 할수록 중국이 실리콘밸리를 능가할 수 있다는 생각이 점점 굳어졌다. 그 이유는 이렇다.

우선 중국에는 실리콘밸리 회사들 못지않은 IT 기업들이 있다. 텐센트와 알리바바가 대표적이다. 이들은 시가총액 500~600조 원을 넘나들며 구글, 페이스북과 경쟁하고 있다. 높은 시가총액을 자랑하다 보니 자본력도 상당하다. 이들은 실리콘밸리 회사들 이상으로 공격적으로 전 세계의 혁신 기업에 투자하고 필요하면 인수도 주저하지 않는다.

둘째로 유니콘스타트업의 숫자다. CB인사이츠의 집계에 따르면 아직 대기업에 매각되지 않은 기업 가치 1조 원 이상의 비상장회사를 일컫는 '유니콘스타트업'은 2018년 3월 현재 미국에 116곳, 중국에 66곳이 있다. 이것만 해도 대단하지만 2018년 3월 중국 과학기술부가 선정한 유니콘스타트업의 숫자는 164곳이다. 이런 차이가 나는 이유를 묻자 최근에는 미국 달러보다 중국 위안으로 투자받는 스타트업이 늘면서 해외에서는 투자 통계가 잡히지 않을 것이란 설명이다. 실제로 요즘에는 미국에서도 보기 어려운 수천억 원에서 1조 원에 가까운 스타트업 투자가 중국에서 자주 보도된다.

셋째로 인공지능 등 미래 산업을 선정하고 빠른 성장을 지원하는 중국 정부의 추진력이다. 중국 정부는 2030년까지 인공지능 분야에서 미국을 앞서겠다고 선언하고 2017년부터 해마다 6조 원 이상을 쏟아붓고 있다. 게다가 다른 나라에 비해 상대적으로 개인 정보 공개와 침해에 무감각한 중국 시장의 특성상 인공지능 기업들이 엄청난 데이터를 기반으로 자유로운 실험을 하면서 기술을 발전시키기에 유리한 위치에 있다. 이런 중국인들의 프라이버시에 대한 무감각함이 바람직한 일은 아니다. 하지만 이런 성향 때문에 중국 기업들이 인공지능 기술 개발에 유리한 위치에 있다는 사실은 부정하기 어렵다.

이와 같은 정부의 지원과 유리한 시장 환경에 힘입어 중국의 IT 공룡들과 스타트업들은 인공지능 분야에 무섭게 투자하고 있다.

자율주행차 아폴로 프로젝트와 인공지능 듀어 OS를 앞세운 바이두는 회사의 미래를 인공지능에 걸었다고 해도 과언이 아니다. 바이두는 인공지능에 있어 세계 최고의 석학인 스탠퍼드대학 앤드루 응 교수를 영입해 인공지능 사업 개발의 지휘를 맡겼다. 그리고 2017년 그가 떠난 뒤에 마이크로소프트에서 검색 사업을 총괄했던 치루를 영입했다.

놀라운 것은 이런 인공지능 기업에 쏟아지는 투자금액이다. 대기업은 그렇다 하더라도 창업한 지 몇 년 안 된 스타트업에 수천억 원의 돈이 투자된다. 회사를 세우고 3년이 채 안 된 인공지능 안면인식 기술을 개발하는 스타트업 센스타임(상탕커지)은 2017년 7월에 퀄컴 등으로부터 약 4500억 원을 투자받았다. 이뿐 아니다. 비슷한 안면인식 기술을 개발하는 스타트업 페이스플러스플러스도 2017년 말 약 5000억 원을 투자받았다.

인공지능 기술이 핵심인 자율주행차 분야에서도 스타트업이 쏟아지고 거액이 투자되고 있다. 바이두 출신 제임스 펑이 2016년 말 창업한 포니AI는 2018년 초 약 1200억 원 규모의 시리즈 A 투자를 유치했다고 발표했다. 그리고 중국 광저우에서 자율주행차 테스트 운행을 시작했다. 2017년 4월에 바이두 출신 왕징이 설립한 자율주행차 스타트업 징치는 창업한 지 6개월도 안 돼 실리콘밸리 엔비디아 등으로부터 약 550억 원을 투자를 받았다고 해 세상을 놀라게 했다.

이 정도 규모의 막강한 자금이 투입되면 쉽게 망하기도 어렵다. 중국 기업들은 MIT, 스탠퍼드, 버클리 같은 명문대에서 수학하거나 구글, 페이스북 등에서 인공지능 기술을 개발한 중국계 최고 인재를 스카우트해 회사를 운영하기 때문에 기술 면에서 빠른 속도로 미국을 따라잡고 있다.

이렇게 개발된 인공지능은 빠르게 실제 서비스에 응용되고 있다. 스마트폰 승차 공유 서비스를 제공하는 디디추싱은 승객과 운전자를 빠르게 연결하고 운행 경로를 최적화하고 부정 행위를 방지하는 데 인공지능 기술을 응용하고 있다. 공유자전거 회사 모바이크는 자전거가 바람직하지 않은 곳에 방치되지 않았는지 등을 인공지능으로 탐지해낸다. 뉴스 큐레이션 앱 토우티아오는 방대한 기사들을 독자의 개인적 취향에 맞춰 자동으로 정리해 보여준다.

이런 소프트웨어 산업의 빠른 발전에 하드웨어 제조 분야에서 기른 경쟁력과 속도까지 더해져 중국은 더욱 강해지고 있다. 중국 선전은 이미 세계의 하드웨어 실리콘밸리라 불리고 있으며 글로벌 하드웨어 스타트업들의 생산 기지가 된 지 오래다.

지적재산권을 무시하고 짝퉁만 만드는 나라라고 중국을 무시하는 것도 이제 옛말이다. 2018년 3월 22일자 《니혼게이자이신문》은 국제 특허 출원 건수에서 중국이 일본을 제치고 세계 2위에 올라섰다고 보도했다.[25] 기업별로 보면 중국 기업인 화웨이가 1위, ZTE가 2위를 차지했다. 이렇게 기술 지적재산권에서 미중 양강 시대가 됐는데 세계지적재산권기구(WIPO) 프랜시스 거리 사무총장은 "중국이 3년 이내 출원 건수에서 미국도 제칠 것"이라며 "중국 경제가 계속 성장하면서 새로운 시장에서 아이디어를 펼치고자 하는 중국인 혁신가가 급증하고 있다"고 말했다.

실리콘밸리 특파원으로 활약하고 있는《매일경제》손재권 기자는 "지금 인공지능, 양자컴퓨팅, 차세대 반도체, 5세대 이동통신, 바이오, 신재생에너지, 자율주행차, 전기자동차, 드론 등 미래 산업 전 분야에서 미국이 압도적으로 중국을 앞서간다고 할 수 있는 분야는 많지 않다"며 "에릭 슈미트 전 구글 회장이 미국이 인공지능을 주도할 날이 5년밖에 안 남았다고 말한 것은 엄살이 아니다"라고 덧붙였다.[26]

손재권 기자의 의견에 전적으로 동감한다. 최근 몇 년간 중국어를 공부하며 중국의 IT 업계와 스타트업 생태계의 동향에 눈 뜨기 시작한 나도 이제 실리콘밸리보다 중국의 IT 동향이 더 대단하게 느껴진다. 중국에서 위챗페이로 현금을 전혀 사용하지 않고 생활하거나 필요할 때 공유자전거를 편리하게 사용하면서 중국의 IT 혁신이 실로 대단함을 느끼게 됐다. 그를 기반으로 한 무인 점포 등 기발한 아이디어의 비즈니스 모델과 상품이 꽃피는 것을 보고 흥분을 느끼기도 한다. 실리콘밸리의 지인들 사이에서도 이제는 중국에 가봐야 한다는 분위기가 감지된다.

그런 이유로 나는 최근 중국이 정말로 실리콘밸리를 능가할지도 모른다는 생각을 하기 시작했다. 중국이 실리콘밸리를 능가하지는 못하더라도 최소한 미중 테크 양강 시대가 열린 것은 확실하다.

이와 같은 흥미로운 변화가 일어나는 세계 최대 시장을 우리는 지적에 두고 있다. 중국에 대해 대부분의 한국인은 비하, 경외, 두려움 등이 섞인 복합적인 감정을 갖고 있다. 급속히 성장하며 힘을 키워가는 중국에 비해 시장이 작은 우리는 어쩔 수 없다며 자괴감을 갖기도 한다. 나도 마찬가지였다.

하지만 중국을 좀 더 알게 되자 지금은 중국에 가까운 것이 오히려 기회라는 생각이 든다. 같은 한자 문화권에 있는 한국인만큼 중국을 잘 알고 빠르게 중국어를 습득할 수 있는 위치에 있는 민족은 없다. 중국인이 좋아할 만한 음악, 드라마 등 좋은 콘텐츠를 만들어내는 데 있어 최고의 경쟁력을 가진 나라도 한국이다. 근면하고 창의적인 한국인의 특성상 중국의 부족한 측면을 보완하는 인재를 공급할 수 있는 나라도 한국이다.

영어를 공부하는 데 들이는 노력을 조금 나눠 중국과 중국어를 공부하는 데 쓰면 어떨까. 우리 젊은이들이 적극적으로 중국에 뛰어들어 중국 기업에서 일하고 창업을 해보도록 지원해주면 어떨까. 쉽지 않겠지만 도전을 해야 성공 사례도 나올 것이다. 한국 시장은 중국 이상으로 규제를 적극적으로 풀어 뭐든지 해볼 수 있는 혁신 지대가 되어야 한다. 지금처럼 모든 면에서 중국의 뒷북만 쳐서는 곤란하다. 중국에 진출하고 싶어 하는 서구 기업들이 한국에서 먼저 테스트해보자고 할 수 있도록 한국은 모든 면에서 변해야 한다. 그것만이 살 길이다. ●

주

1. Matthew Diebel, "Eating at your desk? Your cubemates may be seething," *USA Today*, April 5, 2017.

2. Simon Sinek, "Start with why: How great leaders inspire action," TEDx Talks, September 28, 2009.

3. Jill Geisler, *Work Happy: What Great Bosses Know* (New York: Center Street, 2014).

4. casasiegel.com/the—one—thing—a—ceo—must—do—144b44365ff3.

5. newspeppermint.com/2014/03/09/obama—life—balance.

6. www.youtube.com/channel/UCoookXUzPciGrEZEXmh4Jjg; www.henson.com.

7. Vladimir Putin, "A Plea for Caution From Russia," *New York Times*, September 11, 2013.

8. "This robot lawyer could help you get your parking ticket dismissed," *CBS News*, July 21, 2016.

9. www.mthclassroomadventures.org/gift—books.

10. "Dean James Ryan's 5 Essential Questions In Life," Youtube.com, May 29, 2016.

11. Peggie Fariss, "50—year veteran of Walt Disney Imagineering," Keynote Speech at UCLAx Graduation, Youtube.com, June 2, 2017. 6.

12. http://www.tickld.com/x/american—management—explained—this—guy—nails—it.

13. Daniel Goleman, "The Signs of a Leader's Empathy Deficit Disorder," Linkedin.com, November 25, 2013. www.linkedin.com/pulse/20131125023629-117825785-the-signs-of-a-leader-s-empathy-deficit-disorder/.

14. "인재 모으기만 하는 리더는 下手… '집단천재성' 일깨워야 천재적 성과 나온다," 《조선일보》, 2016. 4. 30.

15. "300年成長続ける企業へ ソフトバンクグループ社長 孫正義氏," 日本経済新聞, 2016. 1. 10; Conor Doughert, "How Larry Page's Obsessions Became Google's Business," New York Times, January 22, 2016.

16. www.google.com.

17. 금태섭, 『이기는 야당을 갖고 싶다』, 푸른숲, 2015년, 37쪽.

18. medium.com/@accurial.

19. "세계 위챗 사용자 월 10억 명," 《인민망》, 2018년 3월 15일; kr.people.com.cn/n3/2018/0315/c203281-9437511.html.

20. James Crabtree, "Didi Chuxing took on Uber and won. Now it's taking on the world," Wired, February 9, 2018.

21. "디디추싱 CEO, '시총 1조 달러 기업, 스마트 모빌리티 산업에서 나온다'", 《플래텀》, 2018년 3월 5일; platum.kr/archives/96150.

22. www.cbinsights.com/research-unicorn-companies.

23. Kai-Fu Lee, "AI and Future of Work: The State of AI in China," Youtube.com, November 6, 2017; https://www.youtube.com/watch?v=NUAsbuyPfMY.

24. https://technode.com/2017/09/19/trains-unicorns-china-hans-tung/.

25. "특허의 국제출원, 중국이 일본을 제치고 2위," 《니혼게이자이신문》, 2018년 3월 22일.

26. 손재권, "美·中의 디지털 패권 경쟁," 《매일경제》, 2018년 3월 19일.

※ 띠지 사진 제공 《이코노믹리뷰》

임정욱의 인사이드 아메리카 이야기

나는야 호기심 많은 관찰자

초판 1쇄 발행 2018년 5월 10일
초판 2쇄 발행 2018년 5월 25일

지은이 임정욱
펴낸이 신경렬

펴낸곳 (주)더난콘텐츠그룹
경영기획 김정숙 · 김태희
기획편집 송상미 · 김순란 · 이희은 · 조은애 | **디자인** 박현정
마케팅 장현기 · 정우연 · 정혜민 | **제작** 유수경

책임편집 송상미 | **교정교열** 박혜영

출판등록 2011년 6월 2일 제2011-000158호
주소 04043 서울특별시 마포구 양화로 12길 16, 더난빌딩 7층
전화 (02)325-2525 | **팩스** (02)325-9007
이메일 book@thenanbiz.com | **홈페이지** www.thenanbiz.com

ⓒ임정욱, 2018
ISBN 978-89-8405-933-7 03320